영재스쿨 - 창의·코딩 놀이 자료 다운로드 방법

다음 페이지

렉스미디어 자료 다운로드

1 렉스미디어 홈페이지(http://www.rexmedia.net)에 접속한 후 **[자료실]-[대용량 자료실]**을 클릭합니다.

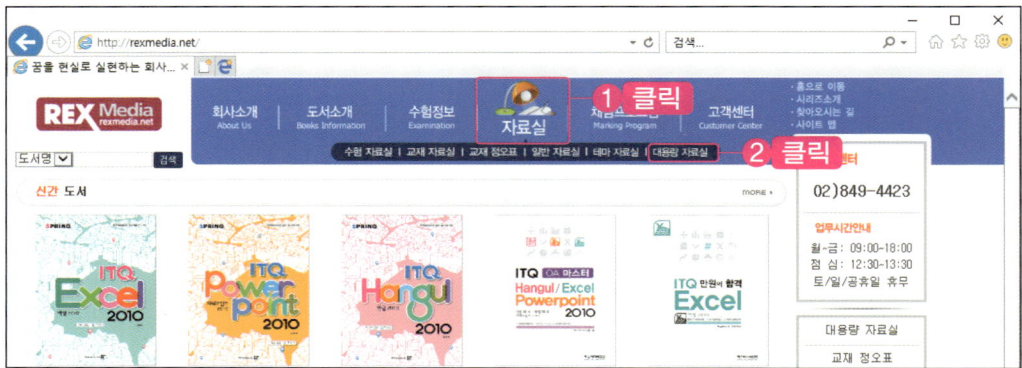

2 렉스미디어 자료실 페이지가 표시되면 **[영재스쿨]** 폴더를 클릭합니다.

3 영재스쿨 관련 페이지가 표시되면 **[창의코딩놀이(1).exe]** 파일을 클릭합니다.

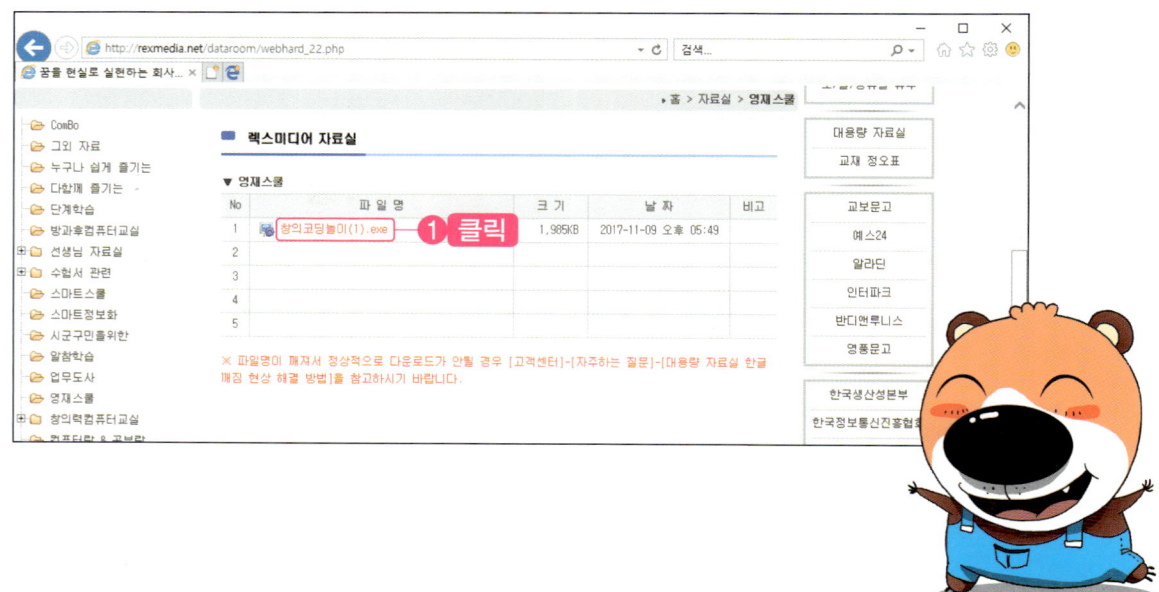

렉스미디어 자료 다운로드

4 파일 다운로드에 관한 대화상자가 아래쪽에 표시되면 다운로드한 후 [실행] 단추를 클릭합니다.

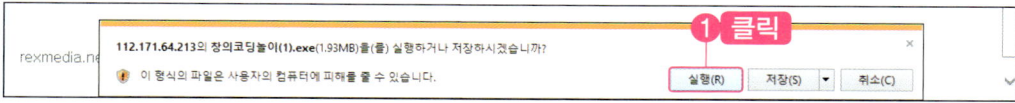

5 설치가 모두 완료되면 [창의코딩놀이(1)] 폴더가 생성되며, 장별로 예제 및 완성 파일 등을 제공합니다.

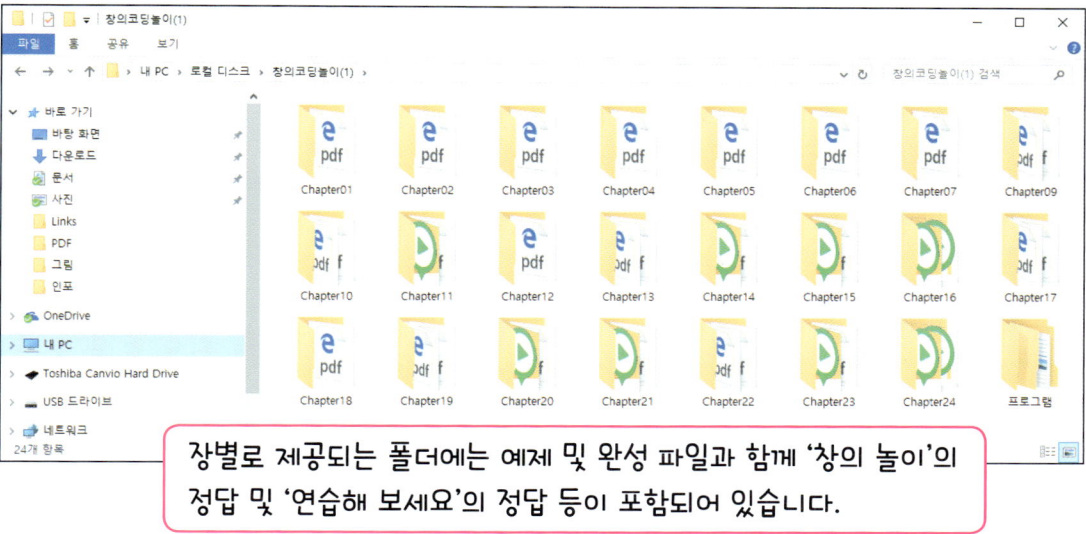

장별로 제공되는 폴더에는 예제 및 완성 파일과 함께 '창의 놀이'의 정답 및 '연습해 보세요'의 정답 등이 포함되어 있습니다.

Tip

프로그램 설치가 안될 경우 주의사항

"창의코딩놀이(1).exe의 게시자를 확인할 수 없습니다. 프로그램을 실행하시겠습니까" 메시지가 표시되면 [실행] 단추를 클릭한 후 [Windows의 PC 보호] 대화상자에서 [추가 정보]를 클릭한 다음 [실행] 단추를 클릭하면 설치가 정상적으로 이루어집니다.

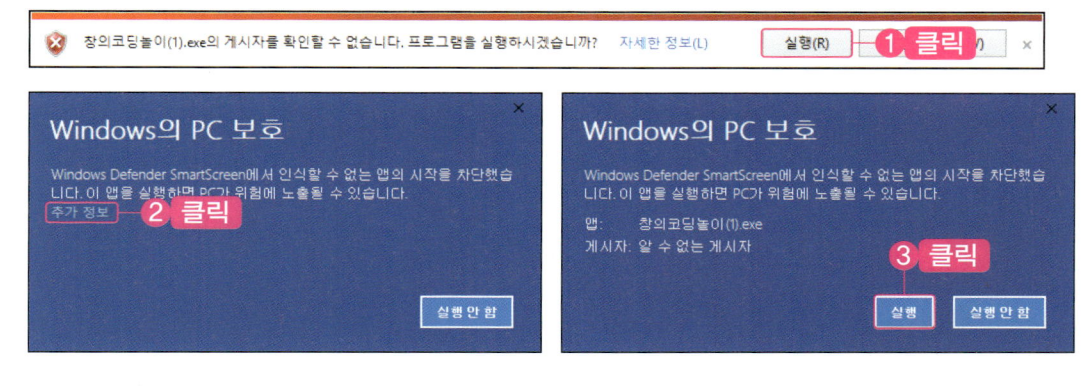

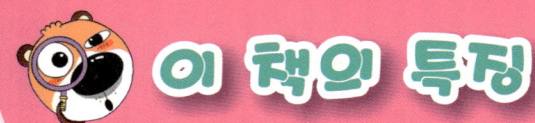

창의 놀이

컴퓨팅 사고력을 통해 컴퓨터 과학의 기본 개념과 원리 및 컴퓨팅 시스템을 활용하여 실생활 및 다양한 분야에서 활용, 적용할 수 있는 능력을 키워주는 놀이 방식입니다.

논리적 사고 능력

그림을 이용하여 이야기 만들기~*

4장의 그림을 보며 재미있는 이야기를 만들어 보세요.
순서는 상관없어요. 그림을 보고 재미있는 이야기를 만들어 보세요.

이렇게 하는 거예요!

오늘은 또 무슨 놀이를 할까?

늦은밤 엄마의 심부름으로 편의점에 들렀던 사랑이는 누군가가 뒤를 따라 오는 것 같은 느낌에 불안했습니다.

초조함을 느끼던 사랑이는 걸음이 조금씩 빨라졌고 집에 도착하자마자 문을 두드리며 빨리 열어달라고 애원했습니다.

두두두둥~!!!

그때, 갑자기 뒤에서 따라오던 사람이 사랑이 어깨를 붙잡아 깜짝 놀란 사랑이는 몸이 굳어져 움직이지 못했습니다.

"사랑아 왜그래?" 라는 목소리에 돌아보니 봉달이가 웃고 있었습니다. 같이 가자고 불렀는데도 혼자 뛰어가서 쫓아오느라 힘들었다고 말하네요.^^

재미있는 놀이 방법으로 공부하며, 다양한 사고 능력 및 컴퓨터의 기본 원리를 자연스럽게 습득합니다.

이 책의 특징

코딩 놀이
블록 코딩 방식을 통해 문제 해결 방법 및 절차를 배우는 과정으로 알고리즘의 기본을 배우는 과정입니다.

Chapter 01 컴퓨터를 작동시키는 마우스

코딩 교육 사이트(code.org) 및 엔트리 프로그램 등을 이용하여 코딩 프로그램을 재미있게 학습합니다.

인터페이스의 역할을 알아봅니다.
마우스의 기능 및 사용법을 알아봅니다.

작업 영역:

완성

핵심놀이 인터페이스 및 마우스의 역할

인터페이스란?
인터페이스란 서로를 연결시켜 주는 역할로 컴퓨터 본체와 연결된 ~~~, 모니터, 프린터 등을 의미합니다.

~~~ 명령을 전달할 때 필요한 기능으로 모니터에 나타난 아이콘 등을 클릭하거나 더블클릭, 또는 드래그하여 명령을 작동시키는 역할을 합니다.

오늘 배울 내용의 핵심 주제를 알기 쉽게 설명하여 배울 내용의 기본 지식을 습득합니다.

▲ 클릭   ▲ 더블클릭   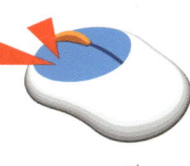 ▲ 드래그    ▲ 오른쪽 클릭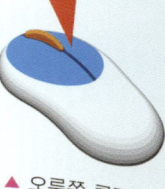

14 영재스쿨 · 창의코딩놀이

이 책의 특징

마우스 기능 연습하기

제01장 · 컴퓨터를 작동시키는 마우스

이 책의 차례

01장
- 창의 놀이   단어를 이용한 이야기 만들기 ·········· 12
- 코딩 놀이   컴퓨터를 작동시키는 마우스 ·········· 14

02장
- 창의 놀이   그림을 이용한 이야기 만들기 ·········· 18
- 코딩 놀이   프로그래밍 언어와 코딩 이해하기 ·········· 20

03장
- 창의 놀이   극장에서 영화보기 ·········· 24
- 코딩 놀이   엔트리 프로그램 알아보기 ·········· 26

04장
- 창의 놀이   맛있는 김밥 만들기 ·········· 30
- 코딩 놀이   오브젝트의 추가 및 삭제하기 ·········· 32

05장
- 창의 놀이   문자를 신호로 만들기 ·········· 36
- 코딩 놀이   엔트리 오브젝트 편집하기 ·········· 38

06장
- 창의 놀이   그룹 만들기 ·········· 42
- 코딩 놀이   오브젝트의 모양 추가하고 순서 및 이름 변경하기 ·········· 44

07장
- 창의 놀이   그림을 프로그래밍하기 ·········· 48
- 코딩 놀이   오브젝트의 모양 편집하기 ·········· 50

08장
- 종합 활동 ·········· 54

09장
- 창의 놀이   프로그램을 보고 그림 만들기 ·········· 56
- 코딩 놀이   블록 코드 알아보기 ·········· 58

10장
- 창의 놀이   프로그램 간단하게 만들기 ·········· 62
- 코딩 놀이   블록 연결 및 실행하기 ·········· 64

11장
- 창의 놀이   작업 순서에 맞는 물건 찾기 ·········· 68
- 코딩 놀이   오프라인 파일 불러오기 및 컴퓨터에 저장하기 ·········· 70

12장
- 창의 놀이   물건을 쉽게 찾을 수 있도록 가방 정리하기 ·········· 74
- 코딩 놀이   순차 알고리즘 알아보기 ·········· 76

이 책의 차례

13장
- 창의 놀이 — 마트 가는길 만들기 ……… 80
- 코딩 놀이 — 엔트리봇 자기 소개하기 ……… 82

14장
- 창의 놀이 — 샌드위치 만들기 ……… 86
- 코딩 놀이 — 엔트리봇 대화 만들기 ……… 88

15장
- 창의 놀이 — 떡만두 라면 만들기 ……… 92
- 코딩 놀이 — 블록을 이용한 모양 바꾸기 ……… 94

16장
- 종합 활동 ……… 98

17장
- 창의 놀이 — 수돗물 호수로 연결하기 ……… 100
- 코딩 놀이 — 디버깅 알아보기 ……… 102

18장
- 창의 놀이 — 우리 학교 배치 벤다이어그램으로 그리기 ……… 106
- 코딩 놀이 — 반복 알고리즘 알아보기 ……… 108

19장
- 창의 놀이 — 공통점과 차이점 구분하기 ……… 112
- 코딩 놀이 — 도사 전우치 만들기 ……… 114

20장
- 창의 놀이 — 규칙 찾아내기 ……… 118
- 코딩 놀이 — 꽃잎으로 꽃 만들기 ……… 120

21장
- 창의 놀이 — 순서도 알아보기 ……… 124
- 코딩 놀이 — 마우스를 따라다니는 박쥐 만들기 ……… 126

22장
- 창의 놀이 — 순차 알고리즘 알아보기 ……… 130
- 코딩 놀이 — 이벤트 알아보기 ……… 132

23장
- 창의 놀이 — 반복 알고리즘 알아보기 ……… 136
- 코딩 놀이 — 키보드를 이용한 동작 만들기 ……… 138

24장
- 종합 활동 ……… 142

엔트리 오프라인 다운로드 및 설치하기

엔트리 프로그램은 엔트리 사이트에서 직접 실행하거나 오프라인 프로그램을 다운로드 받아 컴퓨터에 설치하여 실행할 수 있는 2가지 방법이 있습니다.

엔트리 오프라인 다운로드하기

1 엔트리 사이트(http://playentry.org)에서 마우스 포인터를 메뉴 화면으로 이동한 후 메뉴 목록에서 **[다운로드]**를 클릭합니다.

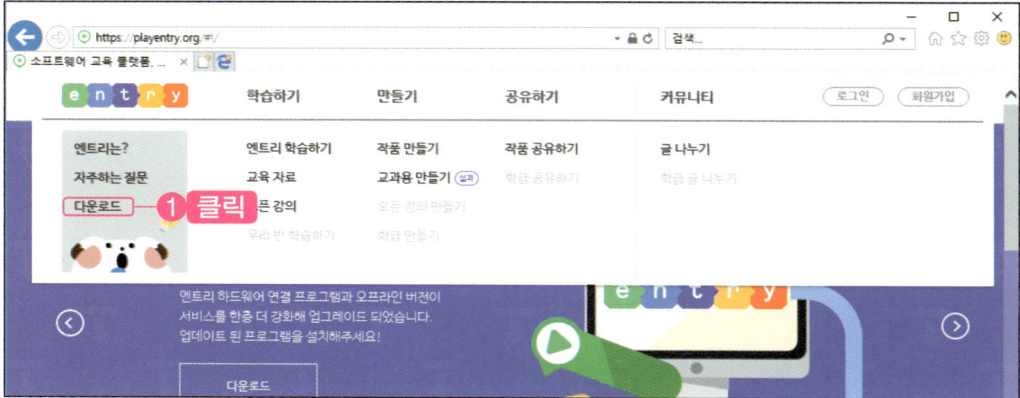

2 엔트리 오프라인 다운로드 화면이 표시되면 컴퓨터 운영체제 버전에 따른 시스템 종류의 **[다운로드]**를 클릭한 후 화면 아래쪽에 표시된 **[실행]** 단추를 클릭합니다.

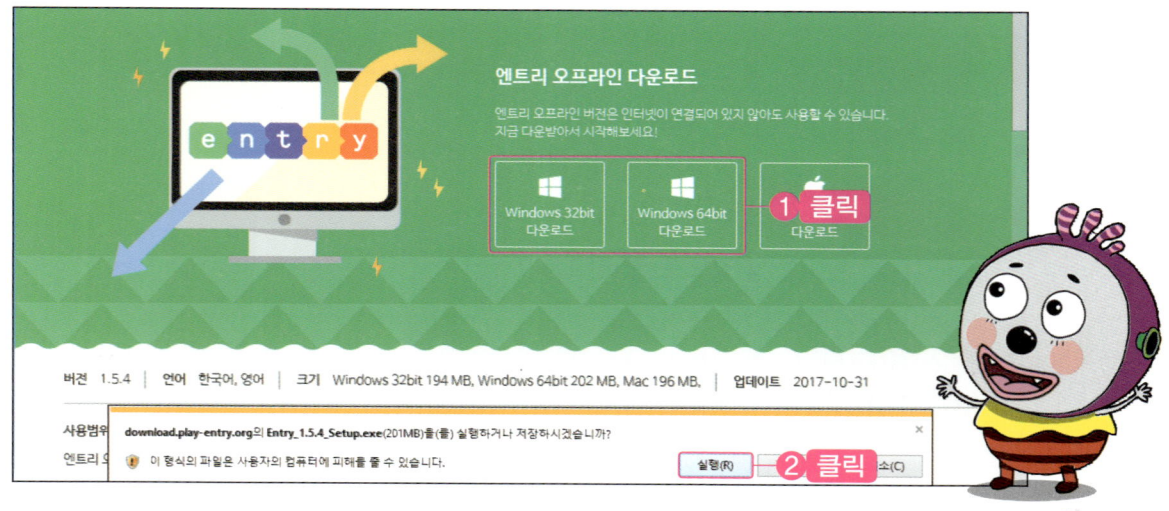

Tip

내 컴퓨터의 시스템 종류 알아보기

- 윈도우 7 : [시작]-[컴퓨터] 메뉴에서 마우스 오른쪽 단추를 눌러 바로 가기 메뉴의 [속성]을 클릭합니다.
- 윈도우 10 : [시작]-[설정]을 클릭한 후 [시스템]을 클릭하여 이동한 다음 [정보]를 클릭합니다.

엔트리 오프라인 다운로드 및 설치하기

엔트리 설치하기

1 [엔트리 설치] 대화상자의 설치 마법사 화면이 표시되면 구성 요소 선택 화면에서 **[다음] 단추를 클릭**한 후 설치 위치 선택 화면에서 **[설치] 단추를 클릭**합니다.

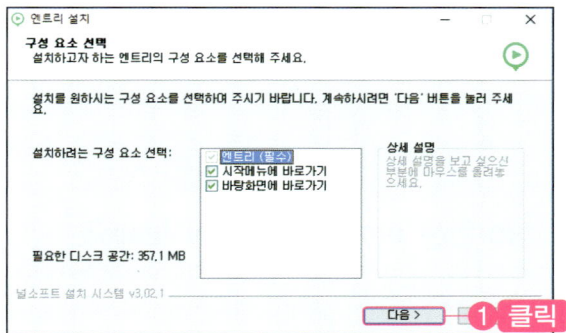
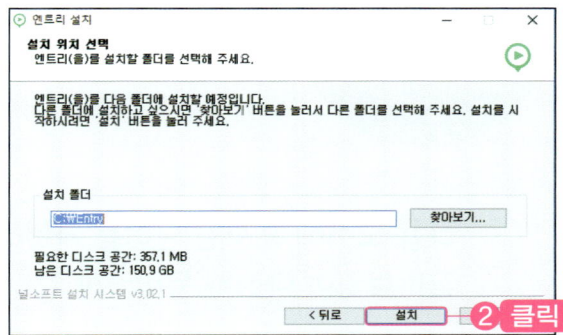

2 설치 과정이 완료되면 **[다음] 단추를 클릭**한 후 엔트리 설치 완료 화면에서 **[마침] 단추를 클릭**하여 설치를 종료합니다.

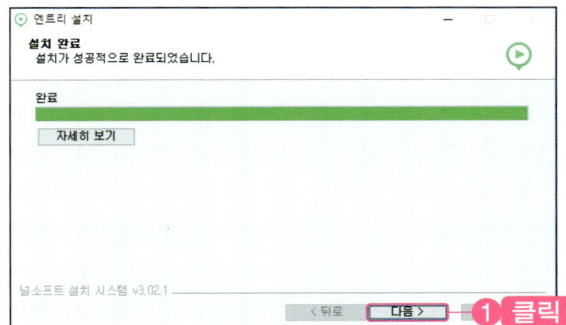
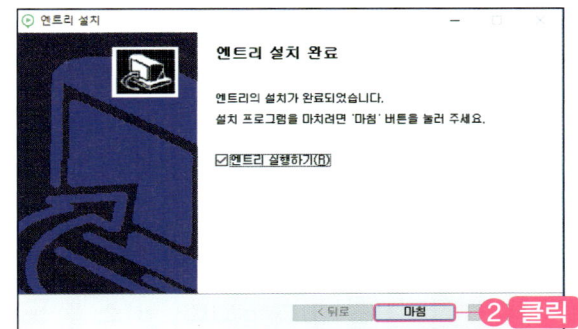

> **Tip**
> **컴퓨터에 설치된 엔트리 프로그램 실행하기**
> 바탕 화면의 엔트리 아이콘()을 더블클릭하거나 [시작] 단추에서 엔트리 프로그램 이름을 클릭하여 실행합니다.

> **Tip**
> **온라인을 이용한 엔트리 실행하기**
> 온라인에서 엔트리 프로그램을 직접 실행할 경우 웹 브라우저를 크롬에서 실행하는 것을 권장합니다. 크롬 설치는 구글 크롬 다운로드 페이지(www.google.com/chrome)에 접속하여 [Chrome 다운로드] 단추를 클릭한 후 약관에 동의하고 설치 과정을 진행합니다.

01 단어를 이용한 이야기 만들기~*

자료 수집 및 절차적 사고 능력

🍬 다음 보기에 표시된 단어를 사용하여 재미있는 이야기를 만들어 보세요.
꼭!! 보기의 단어가 들어가야 합니다.

이렇게 하는 거예요!

단어 : 다람쥐, 게임, 시계

> 시골에 살던 **다람쥐**가 서울 구경을 위해 여행을 떠납니다. 서울행 터미널에서 빨리 서울 구경을 하고 싶은 마음에 **시계**만 쳐다보며 버스가 도착하기를 기다립니다. 버스가 도착하여 좌석에 앉은 다람쥐는 도착하기 전까지 좌석에 앉아 스마트폰으로 **게임**을 하며 시간을 보냈고 서울에 도착한 다람쥐는 재미있는 서울 구경에 신이났다고 합니다.

문제

🍬 다음 보기에 표시된 단어를 사용하여 재미있는 이야기를 만들어 보세요.
꼭!! 보기의 단어가 들어가야 합니다.

제시 단어 : 거북이, 열쇠, 토끼

제01장 • 단어를 이용한 이야기 만들기

Chapter 01 컴퓨터를 작동시키는 마우스

오늘의 놀이
- 인터페이스의 역할을 알아봅니다.
- 마우스의 기능 및 사용법을 알아봅니다.

완성

핵심놀이 인터페이스 및 마우스의 역할

인터페이스란?

컴퓨터에서 인터페이스란 서로를 연결시켜 주는 역할로 컴퓨터 본체와 연결된 마우스, 키보드, 모니터, 프린터 등을 의미합니다.

마우스의 역할

컴퓨터에게 명령을 전달할 때 필요한 기능으로 모니터에 나타난 아이콘 등을 클릭하거나 더블클릭, 또는 드래그하여 명령을 작동시키는 역할을 합니다.

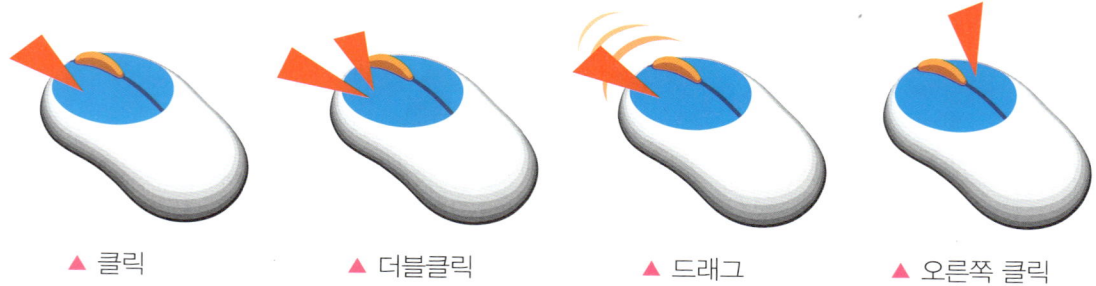

▲ 클릭   ▲ 더블클릭   ▲ 드래그   ▲ 오른쪽 클릭

마우스 기능 연습하기

① 인터넷에서 **주소(http://code.org)를 입력**하여 이동한 후 **[학생들]을 클릭**합니다.

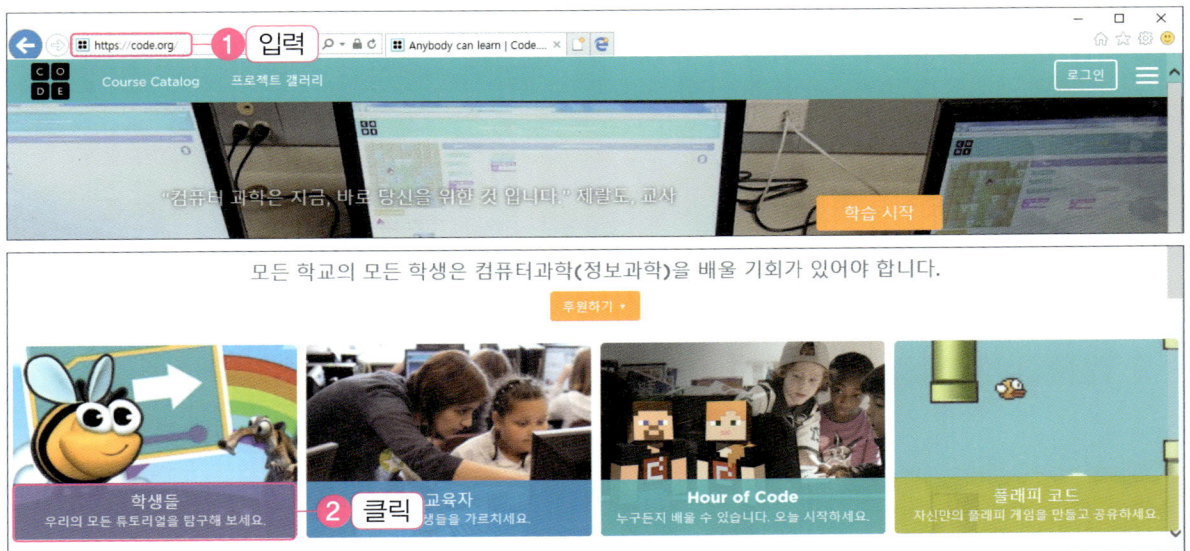

② code.org 사이트의 학생들 화면으로 이동되면 **[과정1]을 클릭**합니다.

③ [과정1] 화면이 표시되면 **[퍼즐 맞추기: 드래그와 드롭]의 1단계를 클릭**합니다.

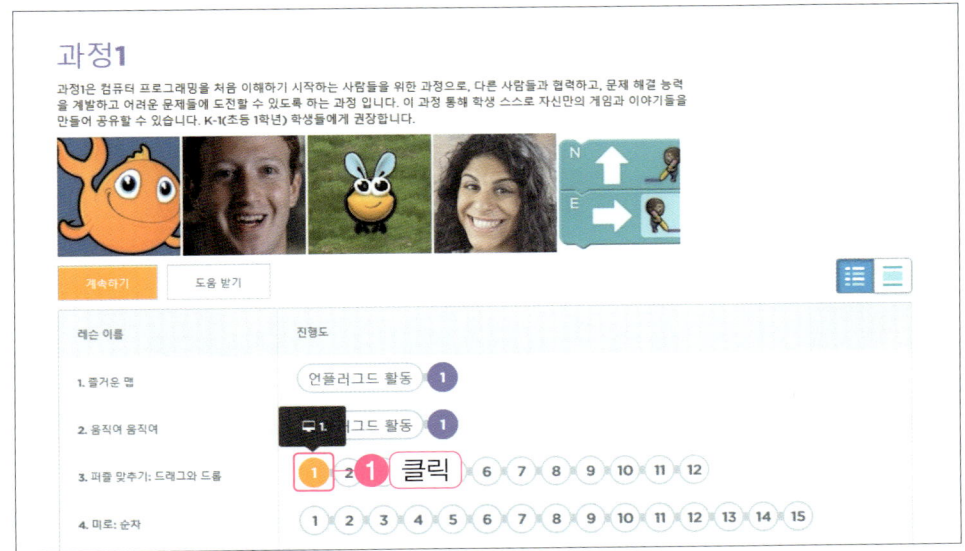

④ '블록을 맞는 위치에 끌어가세요' 메시지가 표시되면 [확인] 단추를 클릭한 후 마우스로 그림을 드래그하여 같은 모양의 그림 위치까지 이동합니다.

⑤ 그림 위치까지 이동되면 1번 퍼즐이 해결되었다는 메시지가 표시되며, [계속하기]를 클릭하면 다음 단계로 넘어갑니다. 같은 방법으로 마우스의 드래그와 드롭을 연습합니다.

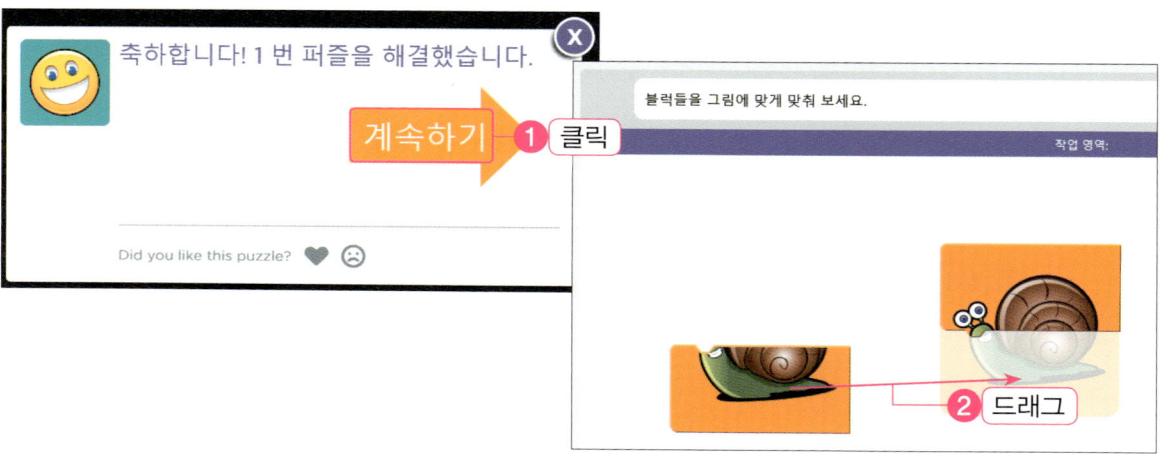

⑥ 9단계 까지의 마우스 연습을 진행한 후 [전체단계]를 클릭한 다음 [유닛 살펴보기] 단추를 클릭합니다.

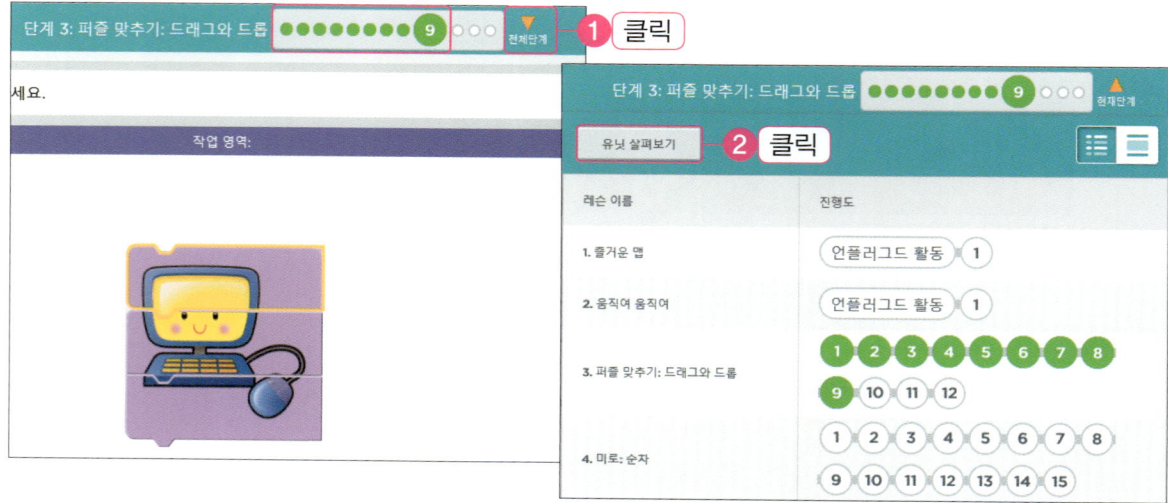

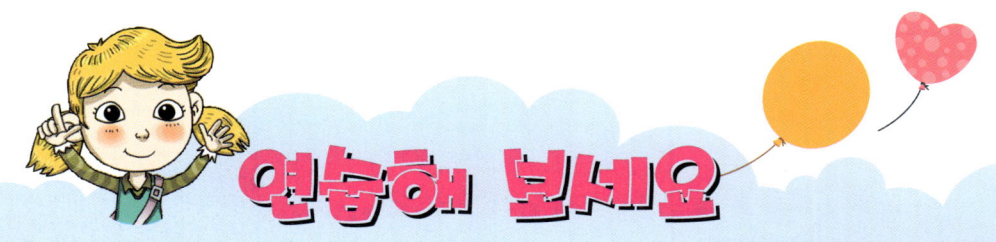

1 코드(code.org) 사이트의 [과정1]에서 퍼즐 맞추기: 드래그와 드롭의 [10단계]를 진행해 보세요.

- 왼쪽 blocks 위치의 초록색(■) 블록을 빨간색 블록 묶음 안에서 아래쪽 위치에 연결합니다.

2 코드(code.org) 사이트의 [과정1]에서 퍼즐 맞추기: 드래그와 드롭의 [11단계]를 진행해 보세요.

- 왼쪽 blocks 위치의 블록을 보기 화면을 참고하여 빨간색 블록 안에 모두 연결합니다.

02 그림을 이용하여 이야기 만들기~*

논리적 사고 능력

🍬 4장의 그림을 보며 재미있는 이야기를 만들어 보세요.
　순서는 상관없어요. 그림을 보고 재미있는 이야기를 만들어 보세요.

이렇게 하는 거예요!

늦은밤 엄마의 심부름으로 편의점에 들렸던 사랑이는 누군가가 뒤를 따라오는 것 같은 느낌에 불안했습니다.

초조함을 느끼던 사랑이는 걸음이 조금씩 빨라졌고 집에 도착하자마자 문을 두드리며 빨리 열어달라고 애원했습니다.

그때, 갑자기 뒤에서 따라오던 사람이 사랑이 어깨를 붙잡아 깜짝 놀란 사랑이는 몸이 굳어져 움직이지 못했습니다.

"사랑아 왜그래?" 라는 목소리에 돌아보니 봉달이가 웃고 있었습니다. 같이 가자고 불렀는데도 혼자 뛰어가서 쫓아오느라 힘들었다고 말하네요.^^

● 4장의 그림을 보며 재미있는 이야기를 만들어 보세요.
　순서는 상관없어요. 그림을 보고 재미있는 이야기를 만들어 보세요.

_____
_____

_____
_____
_____

제02장 · 그림을 이용하여 이야기 만들기

프로그래밍 언어와 코딩 이해하기

오늘의 놀이
- 프로그래밍 언어란 무엇인지 알아봅니다.
- 코딩이란 무엇인지 알아봅니다.

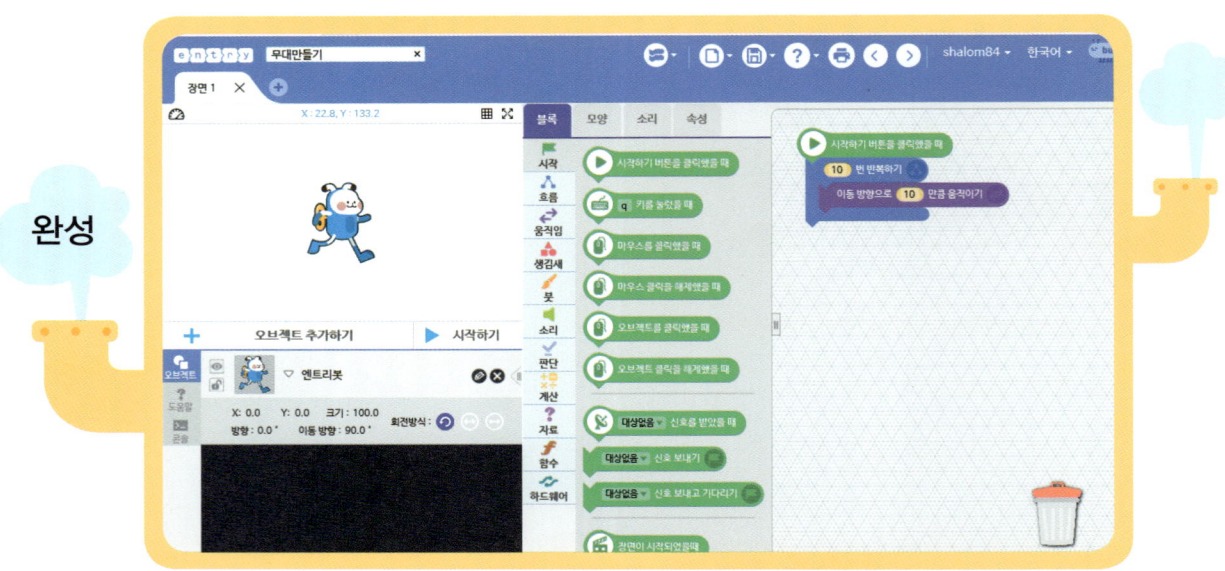

완성

핵심놀이   프로그래밍 언어와 코딩

프로그래밍 언어란?

프로그래밍 언어란 컴퓨터의 프로그램을 작성하기 위해 고안된 언어를 의미합니다. 컴퓨터는 사람의 언어를 곧바로 알아듣지 못하기 때문에 중간에 컴퓨터가 알아들을 수 있도록 통역하는 역할을 하는 언어가 필요하게 되었고 이를 위해 만들어졌습니다.

코딩이란?

프로그래밍 언어를 이용하여 프로그램을 작성하는 과정으로 작성된 프로그램을 컴퓨터가 알아들을 수 있도록 번역 과정을 통해 컴퓨터에게 명령을 내리게 됩니다.

컴퓨터가 알아듣는 언어 기계어

이게 뭐지?

01010101
11100010
10010011
11100110

컴퓨터는 전기가 들어온 상태(ON)와 들어오지 않은 상태(OFF) 등 2가지 신호 밖에는 알 수 없습니다. 그래서 2가지 신호를 통해 0과 1만을 사용하는 2진수 방식의 기계어 프로그램을 만들었습니다. 하지만 문제는 0과 1로만 이루어져 사람들이 알아볼 수 없다는 것이죠!^^

그러면 이 문제를 해결할 수 있는 방법이 없을까요?

최고의 통역사 프로그래밍 언어와 코딩

프로그래밍 언어란?

이렇게 기계어 밖에 모르는 컴퓨터를 위해 중간에서 사람이 알아들을 수 있도록 통역 역할을 하는 프로그램이 필요하게 되었답니다. 이것이 바로 프로그래밍 언어라고 한답니다.

코딩이란?

코딩이란 프로그래밍 언어로 컴퓨터가 명령을 실행하도록 프로그램을 작성하는 과정을 의미합니다.

블록을 이용한 코딩 알아보기

03 창의놀이

절차적 사고 능력

극장에서 영화보기~*

🍬 우리 가족은 영화를 볼 때 예매처에서 영화 티켓을 구매한 후 항상 팝콘과 음료수를 매점에서 구매합니다. 이후 팝콘을 먹기 위해서는 화장실을 들러 손을 깨끗이 씻는 것도 잊지 않지요. 또한 상영관 입구에 구비되어 있는 키높이 방석을 가지고 들어가야 영화를 잘 볼 수 있답니다. 이제 준비가 되었으니 상영관 입구에 계신 아저씨에게 영화 티켓을 보여 드리고 입장해야겠네요^^

❶

❷

❸

❹

🍬 아래의 영화관 구조를 보고 영화를 보기 위해 진행하는 순서를 생각하며 장소에 필요한 물건을 순서대로 적어 보세요.

① 현금 또는 신용카드　　　② [　　　　]
③ 휴지 또는 핸드 드라이어　④ [　　　　]　　⑤ 영화티켓

보기　팝콘과 음료수 / 키높이 방석

🍬 괄호( ) 안에 진행 순서에 맞게 번호를 적어 넣어 보세요

엔트리 프로그램 알아보기

Chapter 03

오늘의 놀이
🌸 엔트리 프로그램의 작업 환경을 알아봅니다.
🌸 엔트리 계정을 만드는 방법을 알아봅니다.
🌸 계정을 이용한 작품 저장 및 불러오는 방법을 알아봅니다.

핵심놀이 　엔트리 프로그램(playentry.org)의 작업 환경 알아보기

❶ **무대** : 프로그램이 실행되는 화면으로 장면의 추가(➕) 및 삭제(✖)와 속도 조절(⏱), 좌표 표시/숨기기(▦), 확대/축소(⛶/⛉), 시작하기/중지하기(▶/■) 등을 할 수 있습니다.

❷ **오브젝트** : 무대에 표시하는 오브젝트 개체 목록 및 배경을 표시하며, 오브젝트 추가(➕) 및 오브젝트의 정보 수정(✎), 삭제(✖) 등을 할 수 있습니다.

❸ **블록** : 실행할 명령어 블록들을 꾸러미 형태로 표시합니다.

❹ **모양** : 오브젝트의 모양을 표시하며, 추가 및 삭제할 수 있습니다.

❺ **소리** : 오브젝트에 지정된 소리 목록을 표시하며, 추가 및 삭제할 수 있습니다.

❻ **속성** : 엔트리에서 사용하는 변수 및 신호, 리스트, 함수 등을 표시 및 추가/삭제할 수 있습니다.

❼ **블록 조립소** : 엔트리의 블록 명령어들을 이용하여 블록 조립소에서 서로 연결하여 프로그램을 코딩할 수 있습니다.

엔트리 계정 만들기

1 엔트리 사이트(http://playentry.org)에서 [회원가입]을 클릭합니다.

2 [회원가입] 대화상자에서 아이디 및 비밀번호, 이메일 주소 등을 이용하여 계정을 만듭니다.

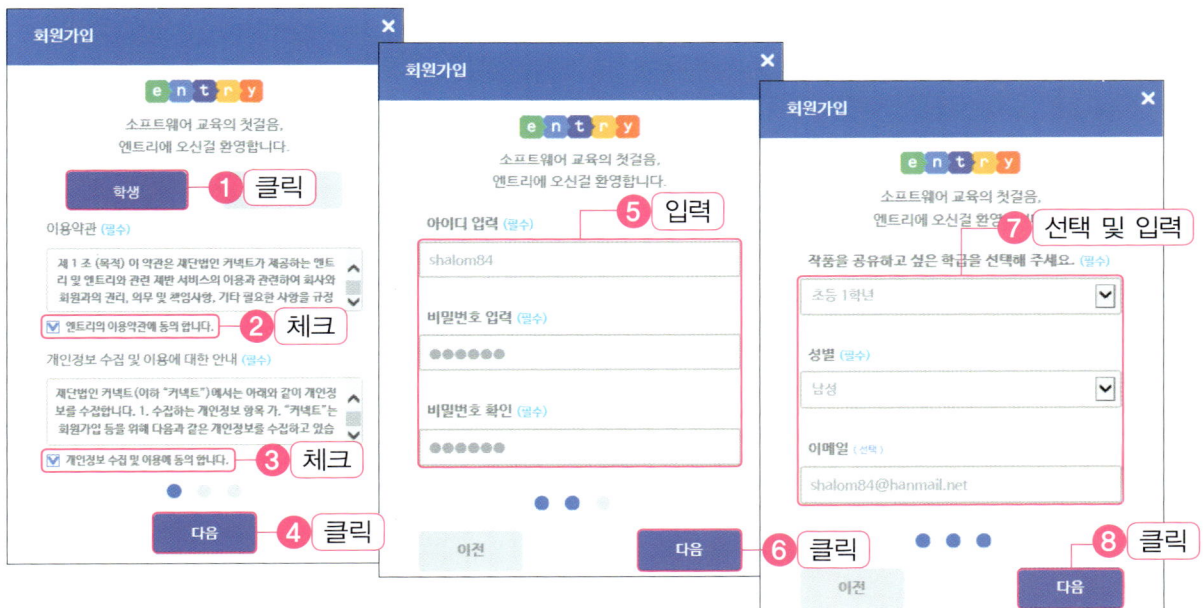

3 회원가입이 완료되었다는 메시지가 표시되면 [확인] 단추를 클릭합니다.

아이디 :

비밀번호 :

제03장 • 엔트리 프로그램 알아보기 **27**

계정을 이용한 작품 저장 및 불러오기

① 엔트리 사이트(http://playentry.org)에서 [로그인]을 클릭한 후 **아이디와 비밀번호를 이용하여 계정에 로그인**한 다음 [만들기]-[작품 만들기]를 클릭합니다.

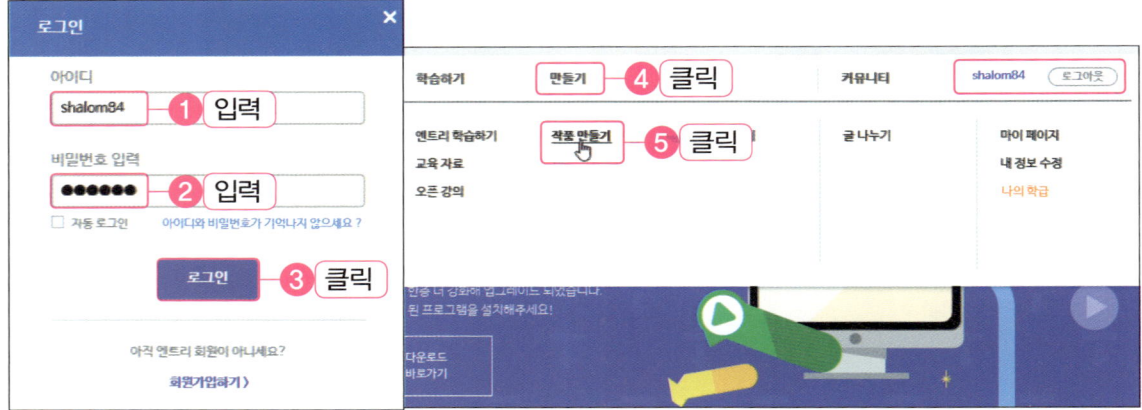

② 처음 표시되는 프로그램을 저장하기 위해 **작품 이름(작품1)을 수정**한 후 💾-[저장하기] 메뉴를 클릭합니다.

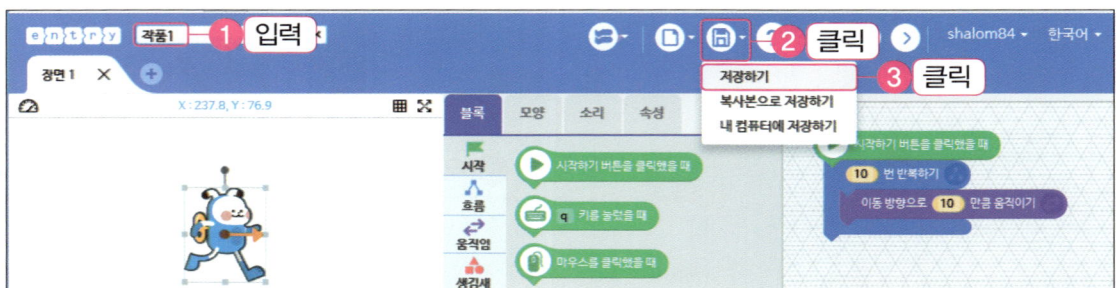

③ 계정에 저장된 작품을 불러오기 위해 📄-[온라인 작품 불러오기] 메뉴를 클릭한 후 나의 작품 목록에서 **불러올 작품(작품1)의 [코드보기]를 클릭**하면 불러올 수 있습니다.

1 엔트리의 작업 환경에서 무대를 확대 및 축소해 보세요.

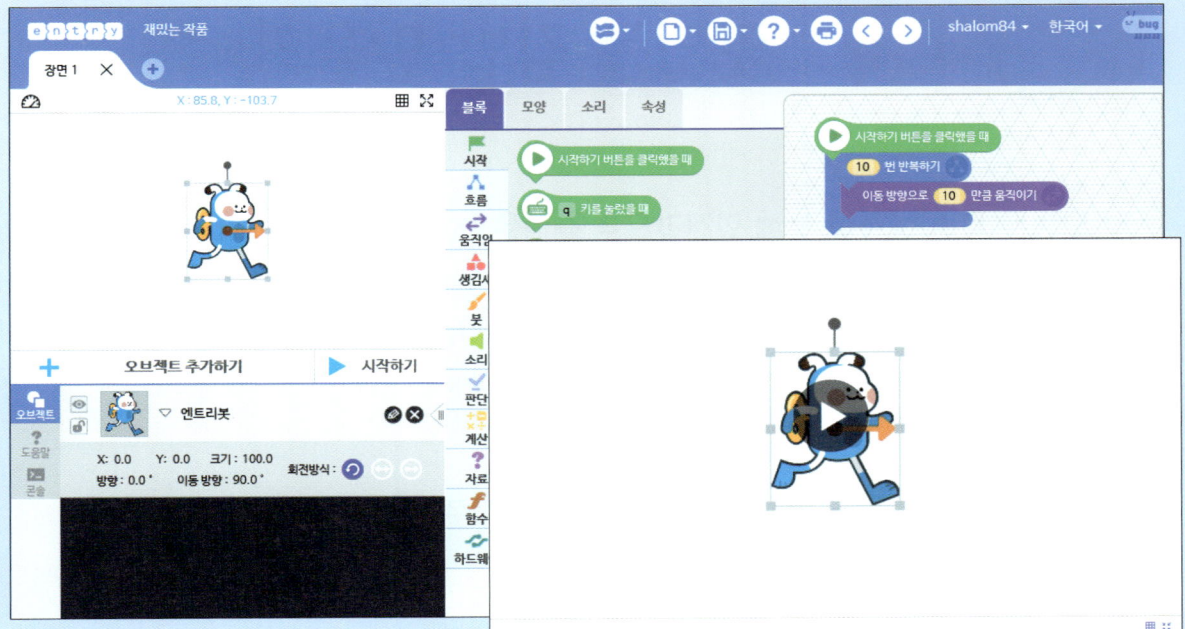

무대 확대 및 축소하기
무대는 프로그램이 실행되는 화면으로 확대( ) 및 축소( )를 이용하여 크기를 조절할 수 있습니다.

2 엔트리의 계정에 로그인한 후 엔트리 프로그램의 처음 상태를 그대로 '작품2'로 저장해 보세요.

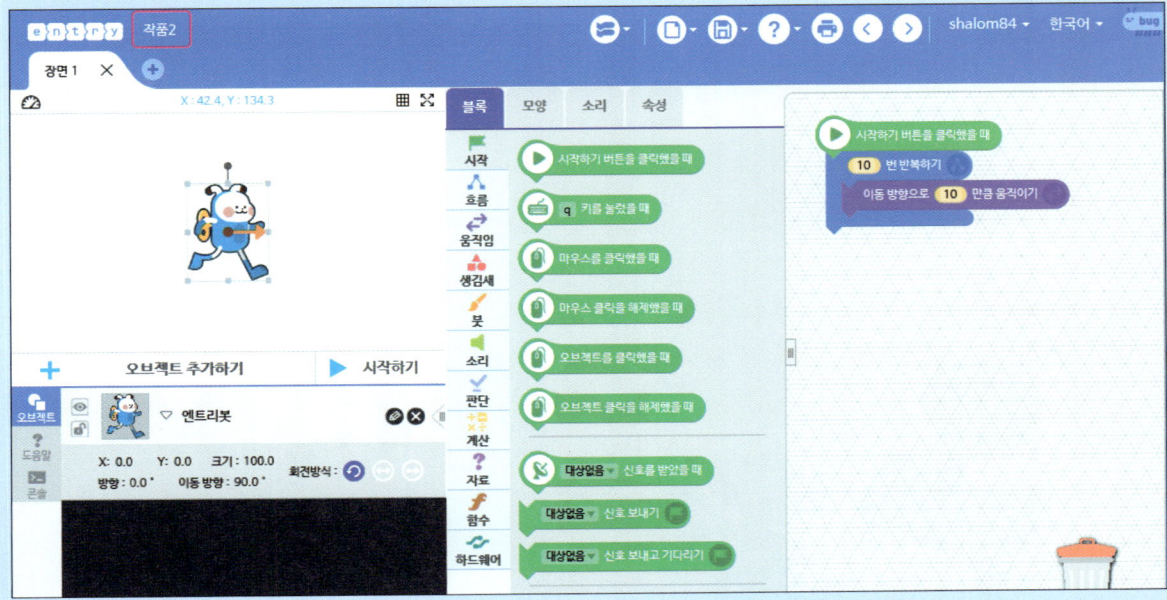

자료 수집 및 절차적 사고 능력

맛있는 김밥 만들기~*

오늘은 우리 가족이 함께 임진각으로 즐거운 소풍 나들이를 가려고 합니다. 어머니는 아침 일찍 근처 마트에 들러 맛있는 김밥을 만들기 위해 필요한 물건을 구입하려고 하는데 제게 도움을 요청하셨습니다. 마트에서 김밥을 만들기 위한 재료에는 어떤것들이 있는지 알아야 겠지요?

↓ 김밥을 만들기 위한 재료를 생각하고 적어 보세요.

🍬 아래의 그림을 보고 맛있는 김밥을 만들기 위한 요리 순서를 번호로 입력해 보세요.

① [   ]   ② [   ]   ③ [   ]
④ [   ]   ⑤ [   ]

제04장 · 맛있는 김밥 만들기

코딩놀이

오브젝트의 추가 및 삭제하기

Chapter 04

오늘의 놀이
- 오브젝트의 추가 방법을 알아봅니다.
- 오브젝트의 이동 및 삭제 방법을 알아봅니다.

완성

핵심놀이 오브젝트의 정의

- 오브젝트는 무대에서 블록 조립소의 블록 코드에 따라 움직이는 개체 또는 배경 등을 의미합니다.
- 오브젝트의 모양은 하나 이상을 가지고 있어 블록 코드에 따라 모양을 바꾸어 표현할 수 있습니다.
- 무대에 오브젝트가 서로 겹쳐 있을 때 오브젝트의 목록에서 가장 위쪽에 표시된 오브젝트가 무대의 가장 앞쪽에 배치되며 순서를 변경할 수 있습니다.

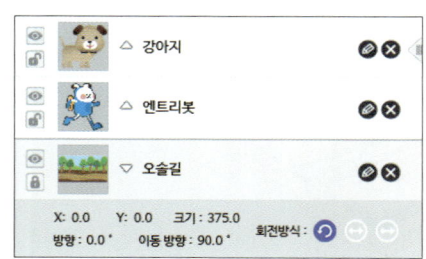

오브젝트 추가하기

❶ 엔트리 프로그램을 시작한 후 [오브젝트 추가하기]를 클릭합니다.

❷ [오브젝트 추가하기] 대화상자가 표시되면 **원하는 오브젝트를 선택**한 후 [**적용하기**] 단추를 클릭합니다.

❸ 오브젝트 목록에 추가한 오브젝트가 표시됩니다.

제04장 • 오브젝트의 추가 및 삭제하기 **33**

오브젝트의 순서 변경 및 삭제하기

① 오브젝트 영역의 **엔트리봇 오브젝트를 드래그**하여 목록 순서의 **가장 위쪽으로** 순서를 **변경**합니다.

 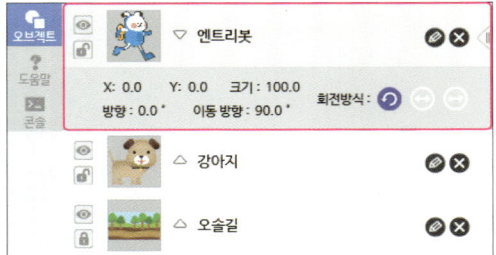

② 엔트리봇 오브젝트가 무대의 가장 앞쪽으로 이동됩니다.

③ **엔트리봇 오브젝트의 삭제(❌)를 클릭**하면 해당 오브젝트가 무대 및 오브젝트 목록에서 삭제됩니다.

> **TIP**
> **무대의 오브젝트 이동하기**
> 무대에 표시된 오브젝트를 마우스로 드래그하면 원하는 위치로 이동할 수 있습니다.

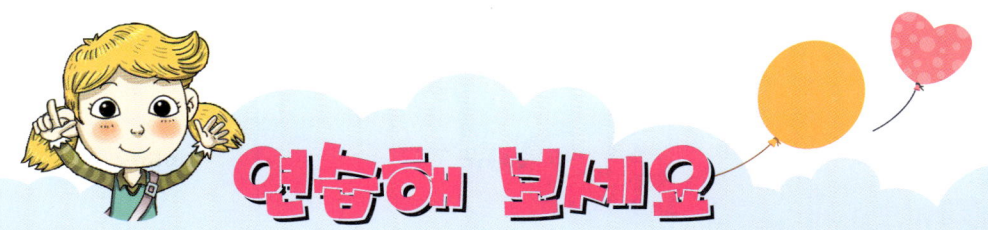

1 엔트리에서 다음과 같이 오브젝트를 추가해 보세요.

2 엔트리에서 다음과 같이 오브젝트를 추가해 보세요.

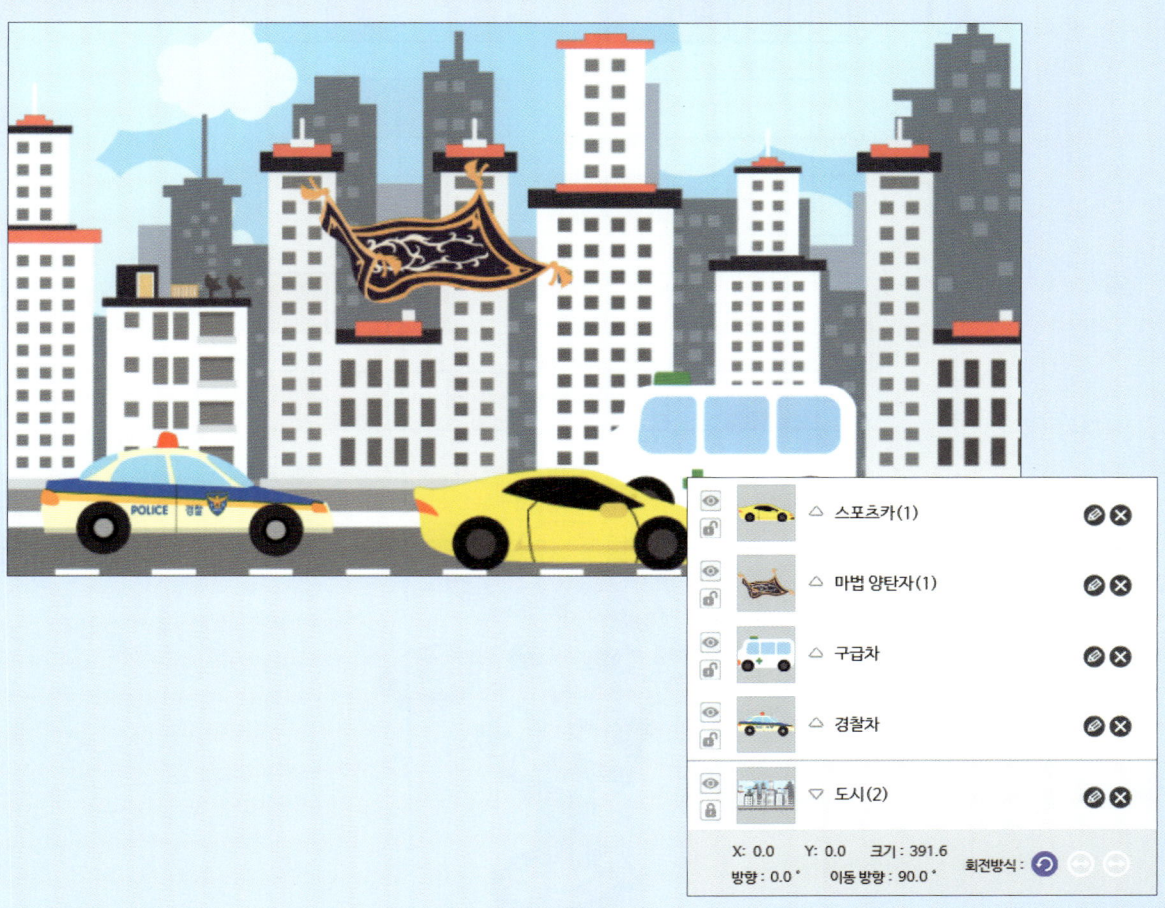

05 문자를 신호로 만들기~*

수학적 사고 능력

시온이는 다른 사람들이 이해할 수 없는 암호를 만들어 친구들과 편지를 주고 받고 싶어했습니다. 그래서 새로운 기호를 이용하여 문자를 만들었는데 방법은 아래와 같다고 합니다.

↓ 시온이가 만든 글자의 암호 기호

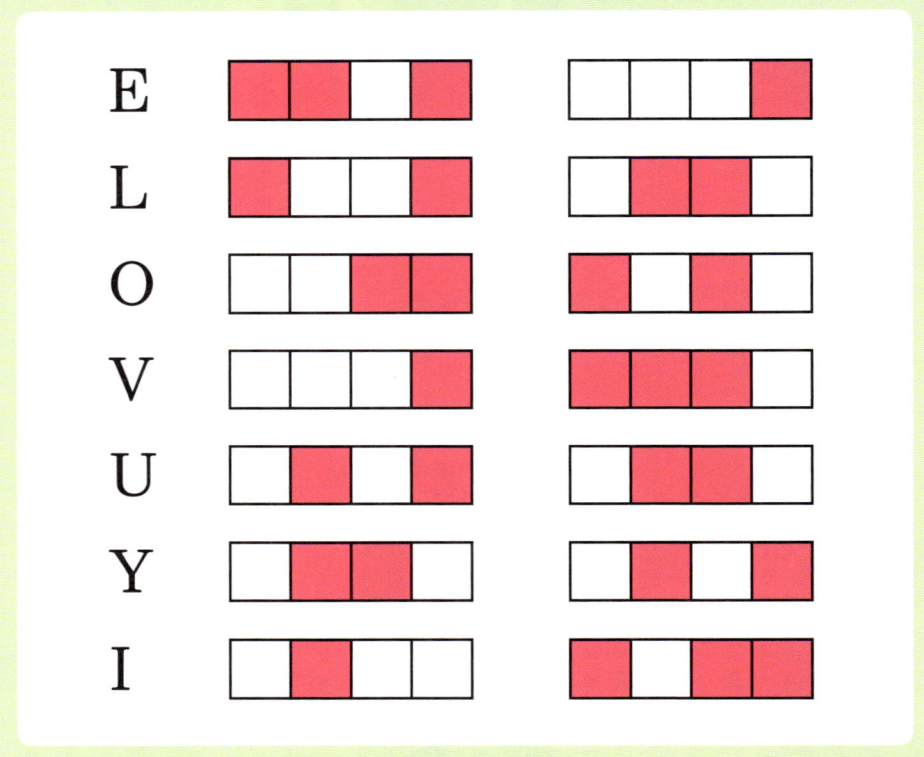

Heart 문제

🍬 암호의 규칙을 생각하고 왼쪽 글자를 신호로 만들어 친구에게 보내 보세요.

I	☐☐☐	☐☐☐
L	☐☐☐	☐☐☐
O	☐☐☐	☐☐☐
V	☐☐☐	☐☐☐
E	☐☐☐	☐☐☐
Y	☐☐☐	☐☐☐
O	☐☐☐	☐☐☐
U	☐☐☐	☐☐☐

엔트리 오브젝트 편집하기

Chapter 05

오늘의 놀이
- 오브젝트의 크기 변경 및 회전 방법을 알아봅니다.
- 오브젝트의 이름 변경 방법을 알아봅니다.

완성

핵심놀이 오브젝트 편집하기

오브젝트란 무대에 사용하는 개체로 편집할 오브젝트의 정보 수정(✏️)을 클릭하면 오브젝트의 X/Y 좌표를 이용한 위치 변경 및 크기, 방향, 이동 방향, 회전 방식(🔄 ↔ ⇔) 등을 수정할 수 있으며, 무대에서의 오브젝트 숨기기(👁/👁‍🗨) 및 편집을 못하도록 잠금(🔓/🔒) 기능을 지정할 수 있습니다.

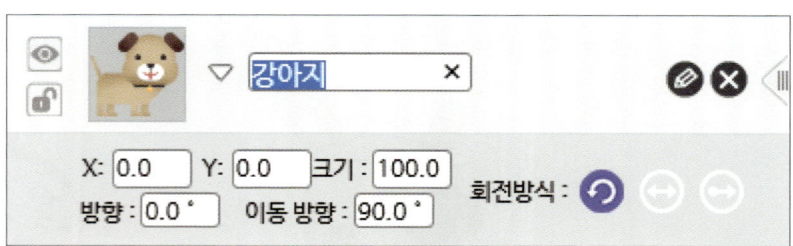

오브젝트의 크기 변경 및 회전하기

❶ 엔트리 프로그램을 시작한 후 표시된 **엔트리봇 오브젝트를 선택**합니다.

❷ 테두리에 표시된 **크기 조절점(■)을 원하는 만큼 드래그**하여 크기를 변경합니다.

❸ 엔트리봇 오브젝트의 위쪽에 표시된 **회전 조절점(●)을 드래그**하면 개체가 회전합니다.

오브젝트의 정보 수정하기

① 엔트리봇 오브젝트의 **정보 수정(✐)을 클릭**합니다.

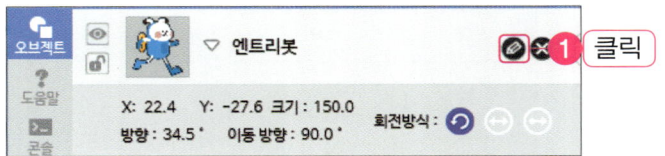

② 오브젝트의 정보가 수정할 수 있는 텍스트 상자로 표시되면 **이름(내친구) 및 위치(X(0), Y(0)), 크기(100), 방향(0)** 등을 수정한 다음 Enter 를 누릅니다.

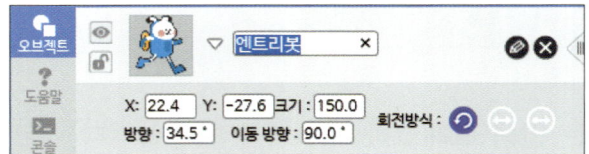 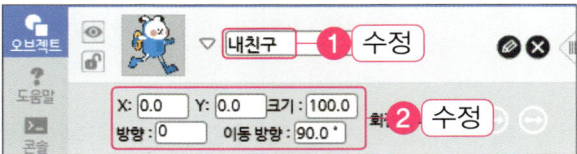

③ 오브젝트의 이름 및 위치, 크기, 회전 등이 수정되어 표시됩니다.

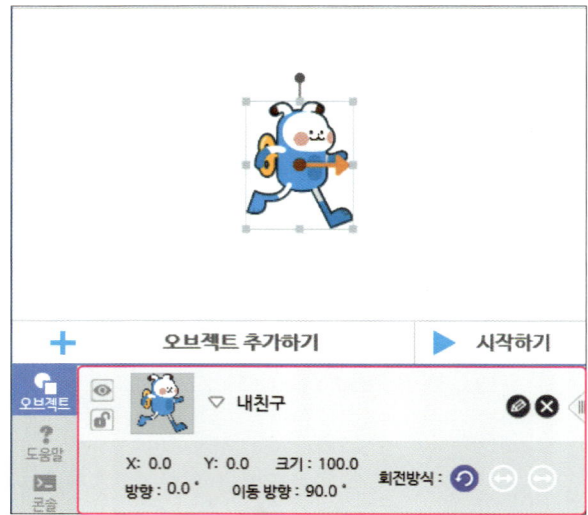

놀이수첩

무대에서의 오브젝트 위치 나타내기

무대는 기본적으로 좌표로 이루어지는데 X축(가로) 방향으로 −240~240, Y축(세로) 방향으로 −135~135로 이루어져 있습니다. 오브젝트의 위치를 조정할 때는 좌표를 이용한 블록에 X, Y 값을 입력하거나 오브젝트의 정보값을 수정하여 위치를 변경할 수 있습니다.

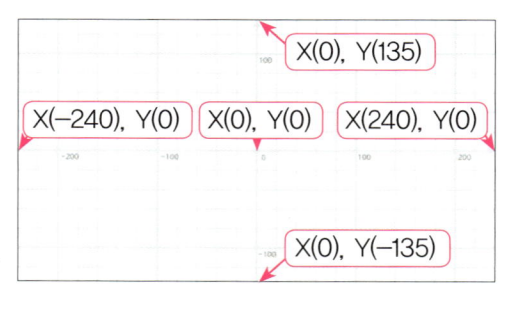

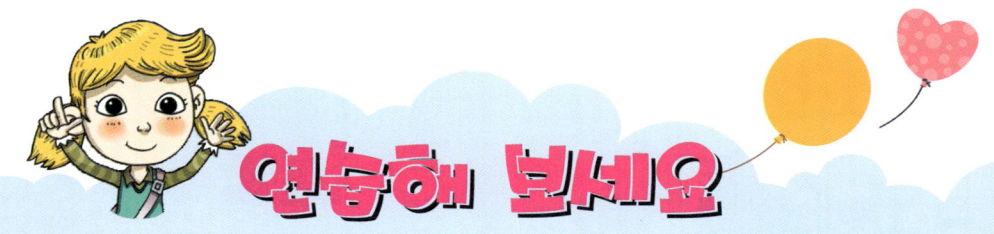

1 엔트리에서 다음과 같이 오브젝트를 추가해 보세요.
- 오브젝트 추가(우주정거장, 우주인(1), 우주인(4), 로켓(3)) 후 이름 변경
- 오브젝트의 크기 및 회전 : 결과화면을 참고하여 임의로 지정

2 엔트리에서 다음과 같이 오브젝트를 추가해 보세요.
- 오브젝트 추가(건청궁과 향원정, 선비(1), 선비(3), 고추잠자리, 철쭉) 후 이름 변경
- 오브젝트의 크기 및 회전 : 결과화면을 참고하여 임의로 지정

제05장 · 엔트리 오브젝트 편집하기

06 그룹 만들기~*

패턴화

🍬 시온이가 친구들과 카드놀이를 하다가 카드의 색과 모양, 숫자 등을 이용하여 새로운 짝짓기 게임을 만들었다고 합니다. 게임의 규칙은 카드를 모두 보이도록 펼쳐 놓고 서로 관련된 그룹을 만드는 게임인데 게임의 출제자가 규칙을 이야기하면 친구들이 규칙에 맞는 카드를 서로 묶어 놓는 게임입니다.

[바닥에 놓여있는 카드 모음]

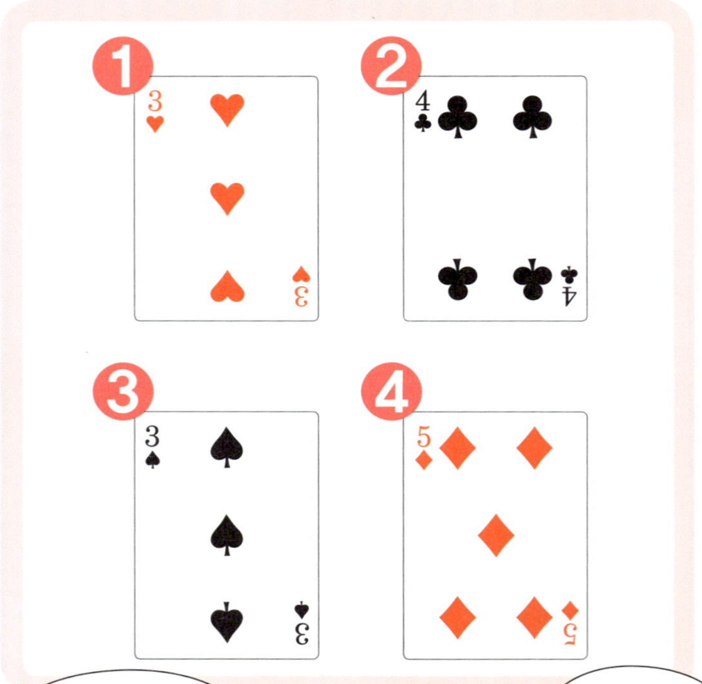

❶ 3♥
❷ 4♣
❸ 3♠
❹ 5♦

앗! 카드가 없어졌다~!!!!

짜잔~ 여깃지롱~

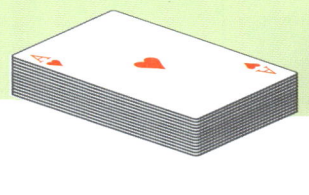

🍬 왼쪽에 번호(❶~❹)가 붙은 카드 모음을 보고 관련된 그림들을 서로 묶어 보세요.

▶ 빨간색 그룹에는 어떤 카드가 있나요?

▶ 같은 숫자 그룹에는 어떤 카드가 있나요?

▶ 검정색 그룹에는 어떤 카드가 있나요?

🍬 왼쪽에 번호(❶~❹)가 붙은 카드 모음에서 같은 색이 연속으로 배열되지 않으면서 작은 숫자에서 큰 숫자로 3장의 카드를 순서대로 놓아 보세요.

제06장 · 그룹 만들기

코딩놀이

오브젝트의 모양 추가하고 순서 및 이름 변경하기

Chapter 06

오늘의 놀이
* 오브젝트의 모양 추가 방법을 알아봅니다.
* 오브젝트 모양의 순서 및 이름 변경 방법을 알아봅니다.

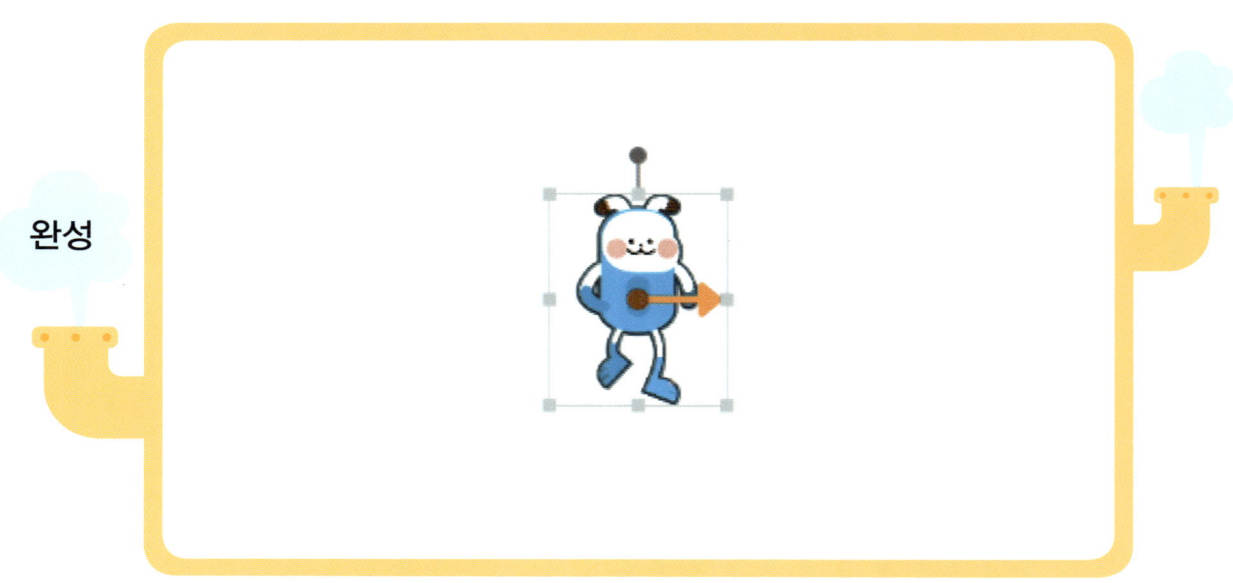
완성

핵심놀이 오브젝트의 모양

- 하나의 오브젝트는 보기에 하나의 고정된 모양처럼 보이지만 [모양] 탭을 클릭하면 하나 이상의 다양한 모양이 모양 목록에 담겨있을 수 있습니다.
- 모양 목록의 원하는 모양을 선택하면 무대에 표시된 오브젝트의 모양이 변경되며, 블록 코드를 이용하여 오브젝트의 모양을 변경할 수도 있습니다.

오브젝트의 모양 추가하기

1 엔트리 프로그램을 시작한 후 **[모양] 탭**을 클릭, 모양 목록이 표시되면 **[모양 추가]** 단추를 클릭합니다.

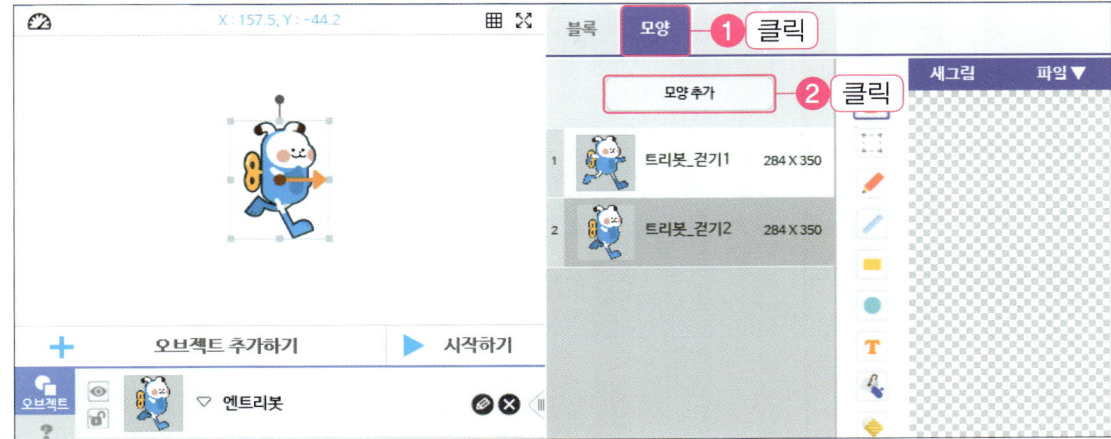

2 [모양 추가] 대화상자가 표시되면 **원하는 모양((2)엔트리봇_앞1)을 선택**한 후 **[적용하기]** 단추를 클릭합니다.

3 엔트리봇 오브젝트의 모양 목록에 모양이 추가되며, 무대에 표시됩니다.

오브젝트 모양의 순서 및 이름 바꾸기

① 오브젝트의 모양 목록에서 **가장 아래쪽에 위치한 모양을 마우스를 이용하여 위쪽까지 드래그**하면 선택한 모양이 가장 위쪽으로 순서가 변경됩니다.

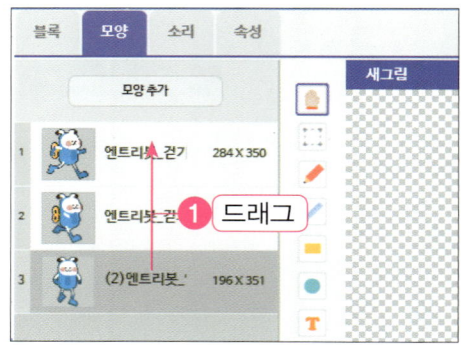 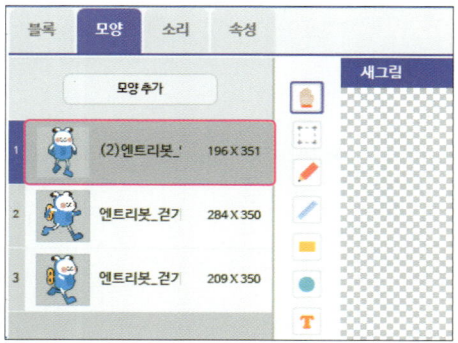

② 모양 목록의 위쪽 모양에서 마우스 오른쪽 단추를 눌러 바로 가기 메뉴의 **[이름 수정]을 선택**한 다음 커서가 위치하면 **모양의 이름(모양1)을 수정**한 후 Enter 를 누릅니다.

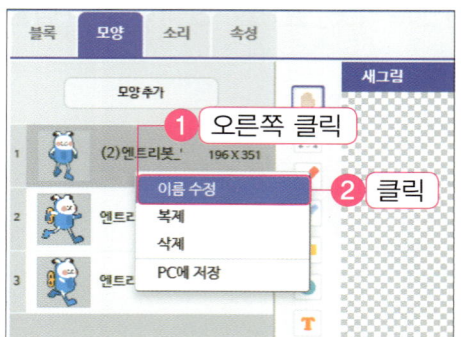 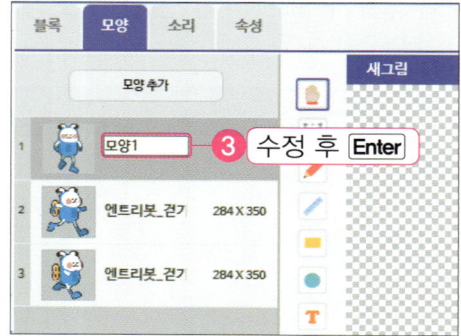

③ 모양의 이름이 수정됩니다. 같은 방법으로 다음과 같이 **모양의 이름을 수정**합니다.

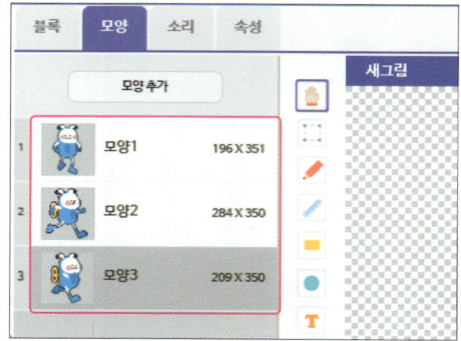

> **TIP**
> **오브젝트 모양의 바로 가기 메뉴 살펴보기**
> 오브젝트 모양의 바로 가기 메뉴에는 [이름 수정] 및 [복제], [삭제] 등이 있으며, 해당 모양을 컴퓨터 이미지로 저장할 수 있는 [PC에 저장] 등이 있습니다.

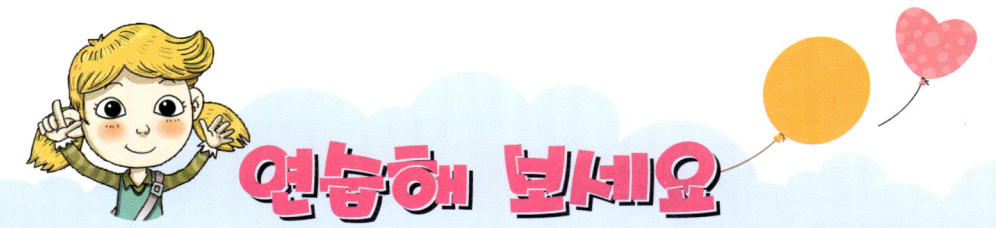

1 엔트리에서 다음과 같이 오브젝트를 추가해 보세요.

2 '똑똑한다람쥐' 및 '엔트리봇' 오브젝트에 모양 추가 및 순서와 이름을 변경해 보세요.
- 모양 추가 : 엔트리봇 – 해변에간 엔트리봇_2, 똑똑한다람쥐 – 화가난다람쥐_1

제06장 • 오브젝트의 모양 추가하고 순서 및 이름 변경하기 **47**

07 그림을 프로그래밍하기~*

알고리즘

🍬 아래의 보기는 그림을 프로그램으로 바꾸는 방법을 설명한 내용입니다.
　[Start] 위치를 시작으로 이동을 해당 방향(→, ←, ↑, ↓)으로 적고 파란색이 칠해진 공간을 색칠하기(▦)로 적어 그림의 내용을 프로그램으로 만들어 보세요.

이렇게 하는 거예요!

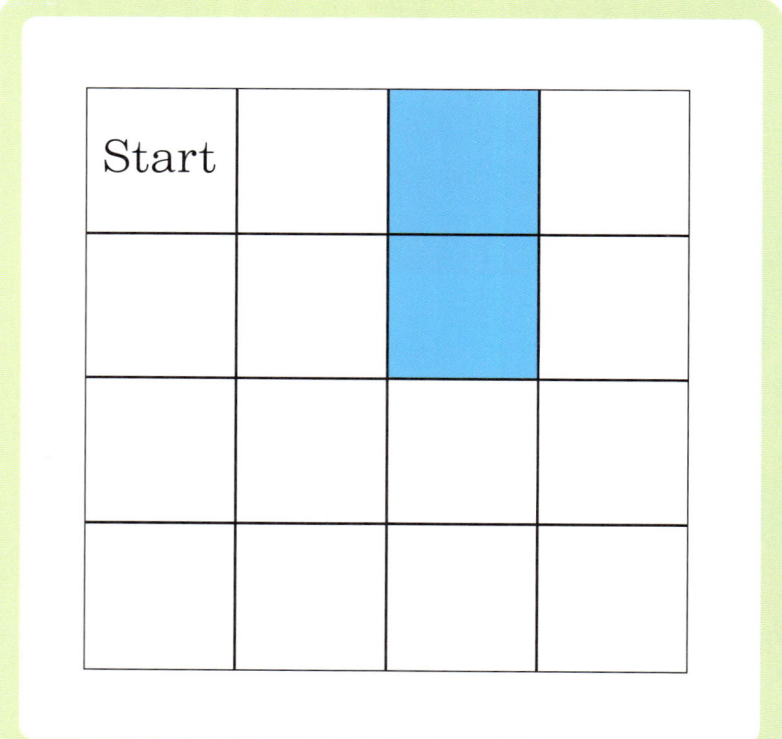

[프로그램]

Start　→　→　▦　↓　▦

아래의 그림을 보고 프로그램을 만들어 보세요.
[Start] 위치를 시작으로 이동을 해당 방향(→, ←, ↑, ↓)으로 적고 빨간색이 칠해진 공간을 색칠하기(▦)로 적어 그림의 내용을 프로그램으로 만들어 보세요.

[프로그램]

제07장 • 그림을 프로그래밍하기 **49**

오브젝트의 모양 편집하기

Chapter 07

오늘의 놀이
* 오브젝트의 모양을 편집하는 방법에 대해 알아봅니다.
* 수정한 모양을 저장하는 방법에 대해 알아봅니다.

완성

핵심놀이 오브젝트의 모양 편집하기

- 오브젝트의 모양은 엔트리에서 제공하는 모양으로 기존의 모양에 새로운 모양을 추가하거나 새롭게 그려서 사용할 수 있습니다.
- 모양 수정은 비트맵 방식의 모양 편집 도구를 사용하여 수정할 수 있습니다.
- 오브젝트의 모양을 수정한 경우 반드시 [파일]-[저장하기] 또는 [새 모양으로 저장] 메뉴를 클릭하여 저장해야 합니다.

오브젝트의 모양에 새로운 모양 가져오기

❶ 엔트리 프로그램을 시작한 후 다음과 같이 **오브젝트를 추가**합니다.

❷ 블록왕 엔트리봇 오브젝트의 [모양] 탭에서 [편집]-[가져오기] 메뉴를 클릭한 후 [모양 가져오기] 대화상자에서 **원하는 모양(모자(14)_1)을 선택**하고 [적용하기]를 클릭합니다.

❸ 모자 모양이 추가되면 **원하는 위치로 드래그하여 배치**합니다.

오브젝트 모양의 편집 및 저장하기

① '블록왕 엔트리' 모양에서 도구 상자의 [선택] 도구를 클릭한 후 다음과 같이 **드래그하여 블록으로 지정**한 다음 [편집]-[자르기] 메뉴를 클릭합니다.

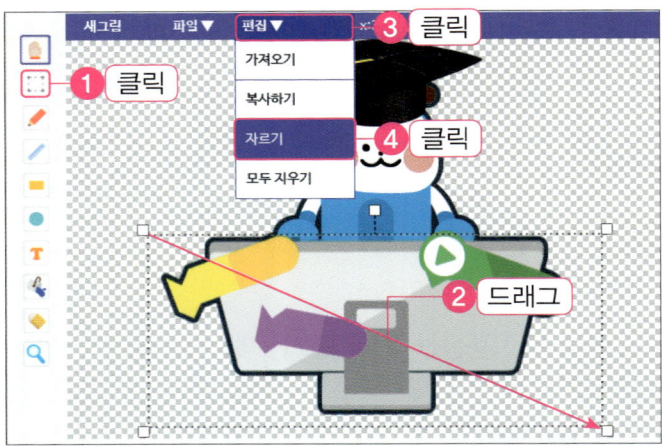

② 선택한 부분이 삭제되면 [파일]-[새 모양으로 저장] 메뉴를 클릭합니다.

③ 편집한 모양이 '새그림' 이름으로 저장되어 표시됩니다. 무대에서 블록왕 엔트리봇 오브젝트의 **크기 및 위치를 조절**하여 다음과 같이 표시합니다.

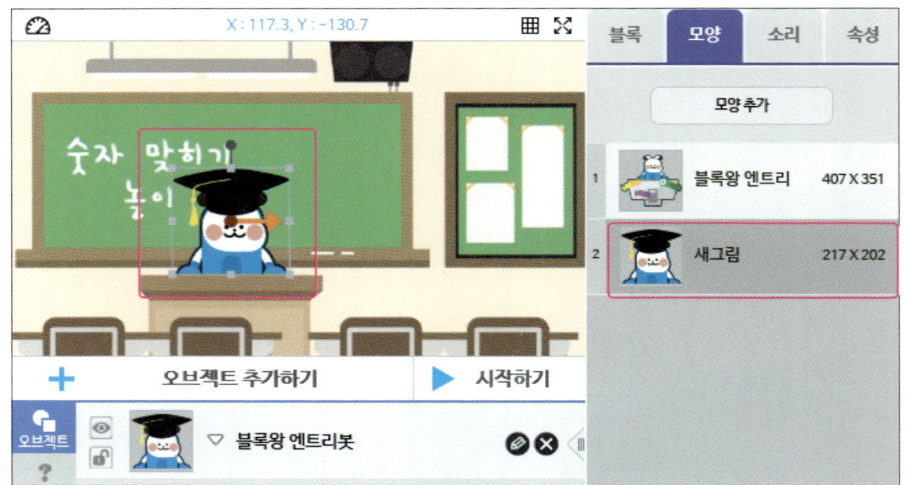

1. 엔트리에서 다음과 같이 오브젝트를 추가해 보세요.

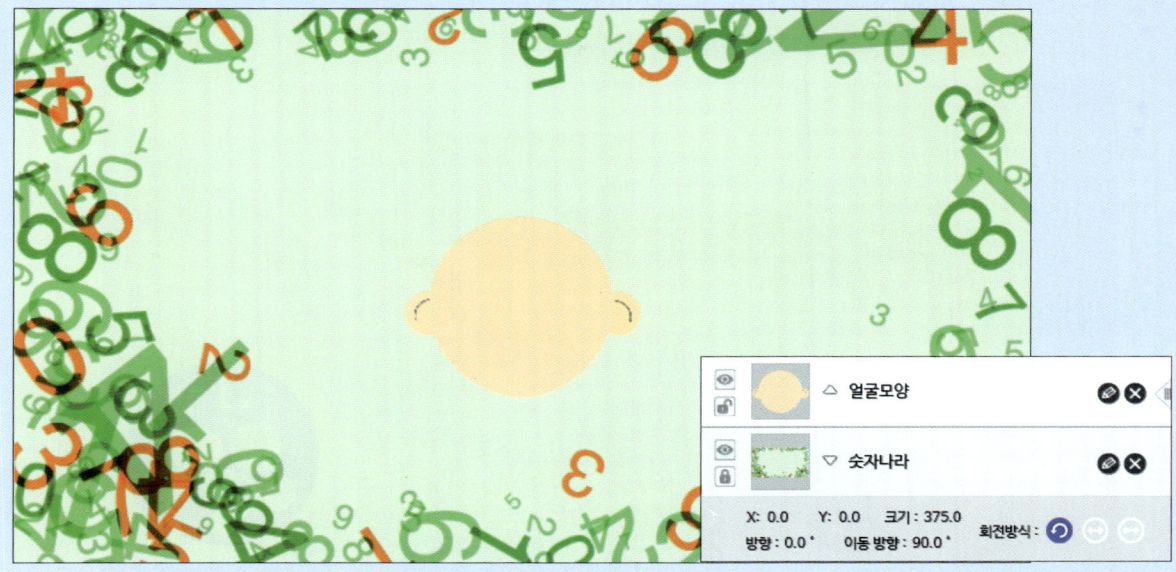

2. '얼굴모양' 오브젝트의 모양에 [가져오기]를 통해 새 모양을 추가한 후 저장해 보세요.
   • 모양 가져오기 : [사람] 그룹에서 머리 및 눈, 코, 입 등을 임의로 지정하여 만들기

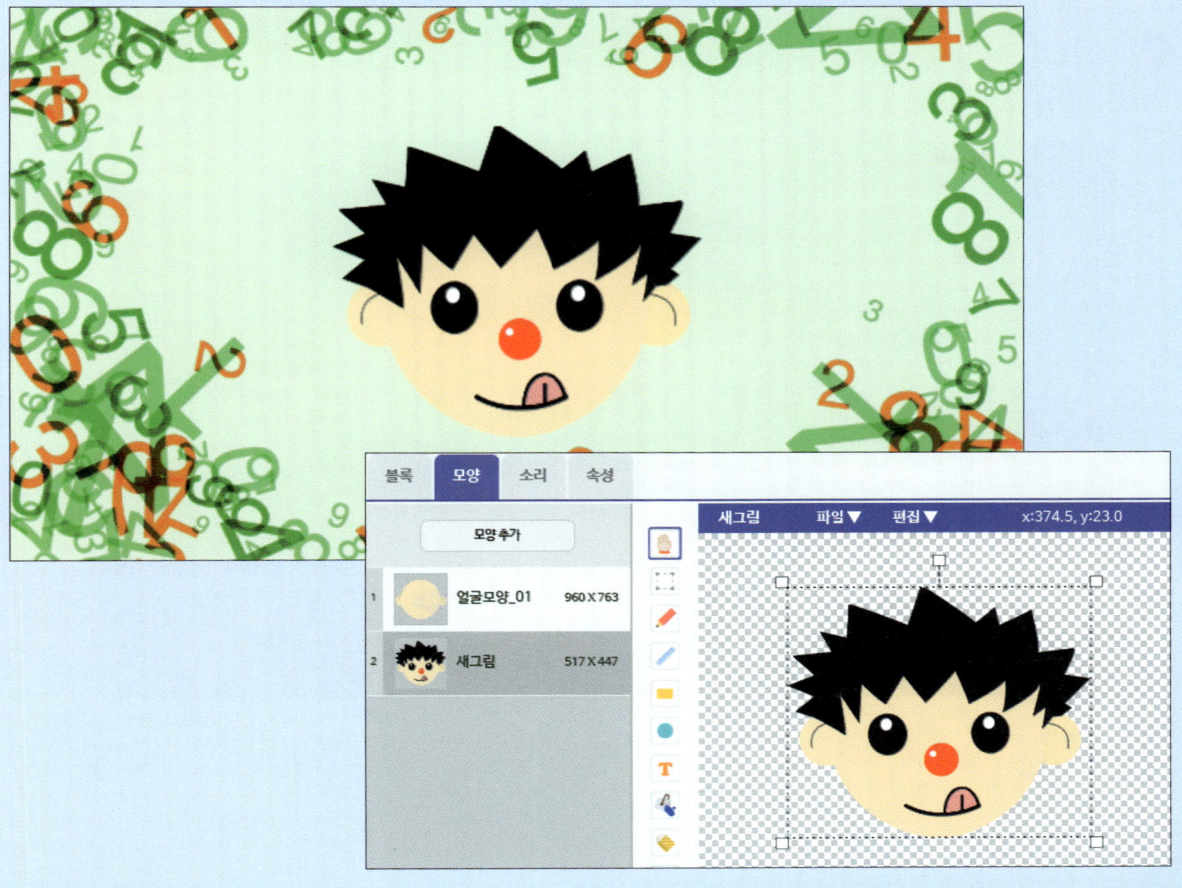

제07장 • 오브젝트의 모양 편집하기

종합활동

1 엔트리에서 다음과 같이 오브젝트를 추가해 보세요.
- 오브젝트 추가 : 똥강아지, 탐험가, 어린 탐험가, 캠핑카, 유적지

2 오브젝트의 모양을 다음과 같이 수정한 후 저장해 보세요.
- 똥강아지 및 탐험가, 어린 탐험가 오브젝트의 모양을 결과화면을 참고하여 수정

3 엔트리에서 다음과 같이 오브젝트를 추가해 보세요.
- 오브젝트 추가 : 통나무1, 원주민(1), 원주민(2), 땔감(1), 모닥불, 동굴속

4 오브젝트의 모양을 다음과 같이 수정한 후 저장해 보세요.
- 통나무 및 원주민(1), 모닥불 오브젝트의 모양을 결과화면을 참고하여 수정

프로그램을 보고 그림으로 만들기~*

아래의 보기는 프로그램을 그림으로 바꾸는 방법을 설명한 내용입니다.
[Start] 위치를 기준으로 방향(→, ←, ↑, ↓)과 색칠하기(▦)를 사용하여 그림을 만들어 보세요.

이렇게 하는 거예요!

[프로그램]

Start → → ▦ ↓ ← ▦

🍬 아래의 그림을 프로그램에 맞게 색칠해 보세요.
 [Start] 위치를 기준으로 방향(→, ←, ↑, ↓)과 색칠하기(卌)를 사용하여 그림을 만들어 보세요.

[프로그램]

Start   ↓ → 卌 ↓ → 卌 ↓ → 卌

Start			

제09장 · 프로그램을 보고 그림으로 만들기

블록 코드 알아보기

Chapter 09

오늘의 놀이
* 블록 코드의 형태에 따른 종류를 알아봅니다.
* 블록 코드의 도움말 사용 방법을 알아봅니다.

완성

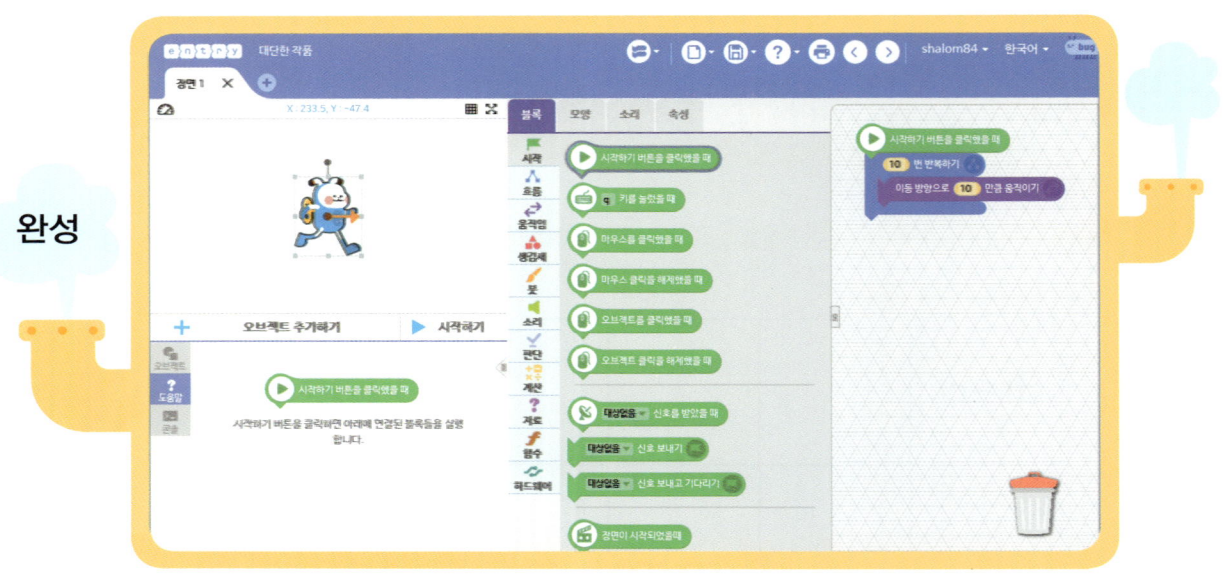

핵심놀이 — 명령어 블록 형태에 따른 종류 알아보기

- 엔트리에서 사용하는 블록은 [블록] 탭에 [시작], [흐름], [움직임], [생김새], [붓], [소리], [판단], [계산], [자료], [함수], [하드웨어] 등의 꾸러미로 구분되어 해당 꾸러미 이름을 클릭하면 관련된 블록 목록이 표시됩니다.

- 꾸러미의 이름을 클릭하면 꾸러미 안에 블록이 표시되며, 표시된 꾸러미 이름을 다시 클릭하면 블록 목록을 숨깁니다.

- 명령어 블록은 형태에 따라 가장 처음에 표시되는 이벤트 시작 블록(◯━━━) 명령어 블록과 블록을 서로 연결하여 사용하는 연결 블록(━━━━) 그리고 명령어 블록 안에 끼워 넣어 사용할 수 있는 판단/인수 블록(━━━/━━━), 이벤트의 끝에 표시되는 이벤트 종료 블록(━━━) 등으로 구분할 수 있습니다.

블록 코드의 형태에 따른 종류 알아보기

이벤트 시작 블록( )의 종류

이벤트 시작을 알리는 블록 형태로 [시작] 및 [흐름] 꾸러미에서 제공됩니다.

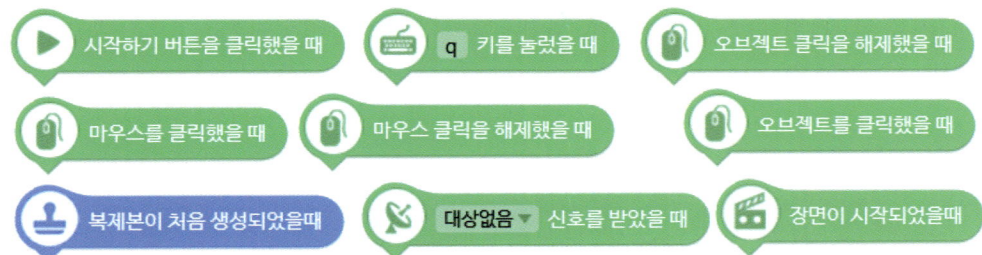

연결 블록( )의 종류

명령어 블록과 블록을 서로 연결하여 사용하는 연결 블록으로 [시작], [흐름], [움직임], [생김새], [붓], [소리], [계산], [자료], [함수] 등 다양한 꾸러미에서 제공됩니다.

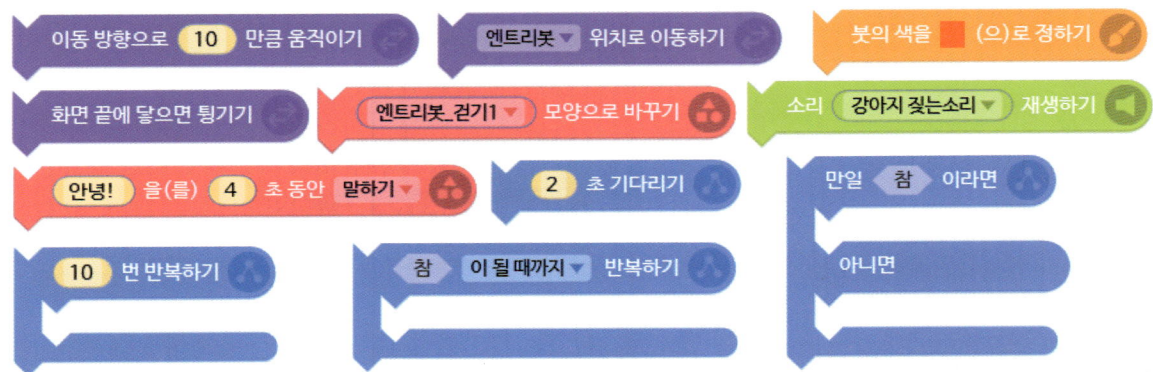

판단/인수 블록(/)의 종류

명령어 블록 안에 끼워 넣어 사용할 수 있는 블록으로 [판단] 및 [계산], [자료] 꾸러미 등에서 제공됩니다.

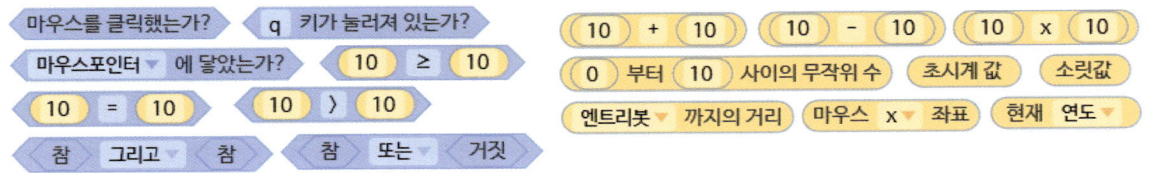

이벤트 종료 블록( )의 종류

이벤트의 종료를 알리는 블록 형태로 [시작] 및 [흐름] 꾸러미에서 제공됩니다.

블록 도움말 알아보기

블록 도움말은 오브젝트에서 사용하는 블록들의 도움말 설명을 볼 수 있도록 제공합니다. 사용법은 오브젝트 영역의 [도움말]을 클릭한 후 블록 꾸러미의 도움이 필요한 블록을 클릭하면 오브젝트 영역에서 해당 블록의 설명을 확인할 수 있습니다.

블록 도움말 사용하기

① 오브젝트 영역에서 [도움말]을 클릭합니다.

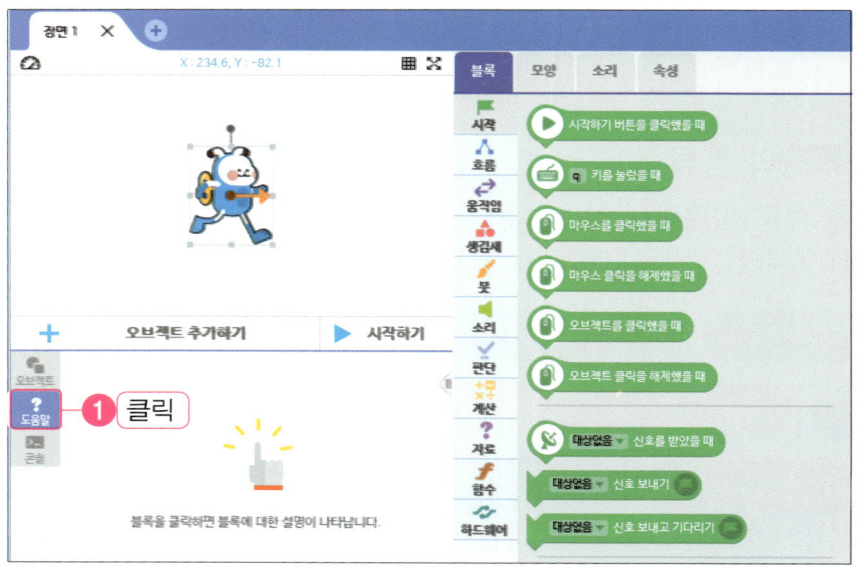

② [블록] 탭에서 **설명이 필요한 블록을 클릭**하면 오브젝트 영역에 선택한 블록의 설명이 표시됩니다.

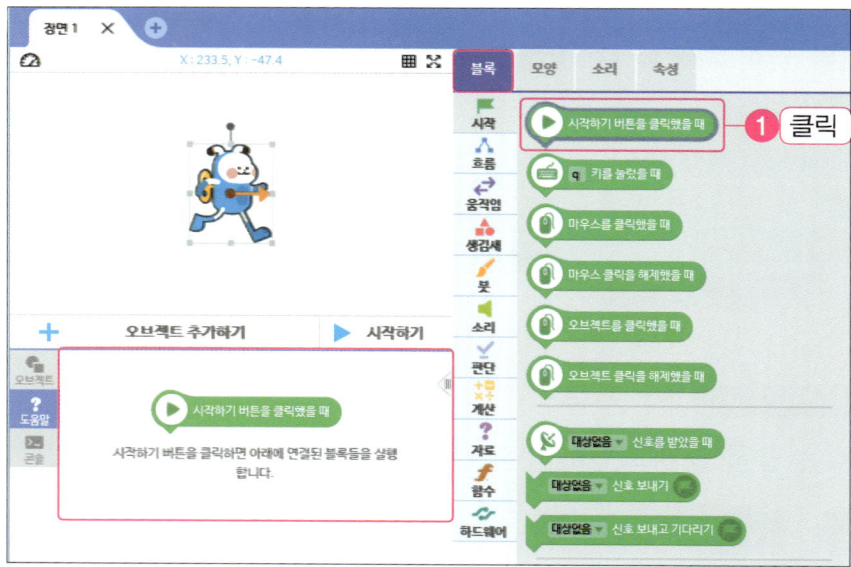

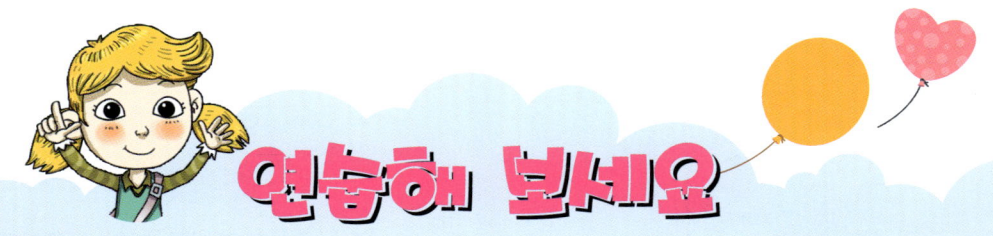

1 다음 보기의 블록 코드를 이용하여 다음 물음에 답해 보세요.

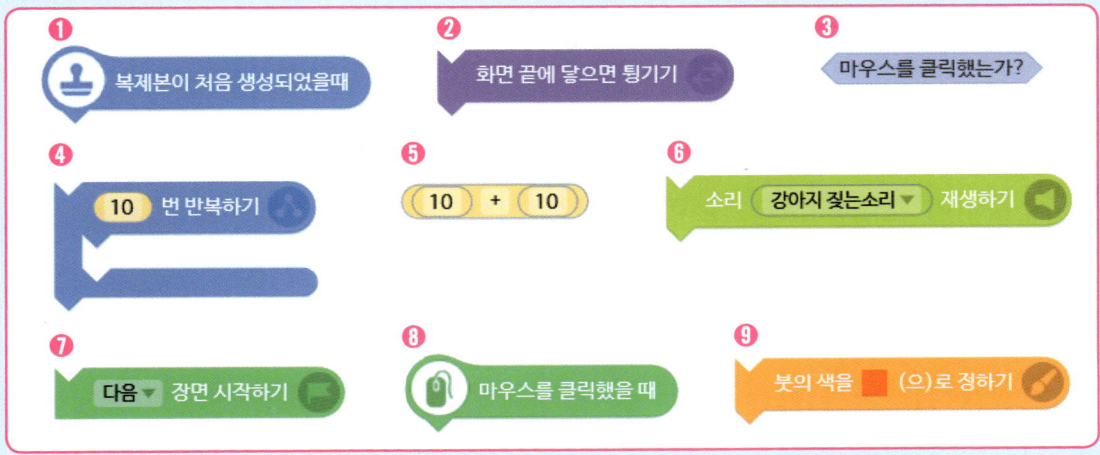

❶ 가장 위쪽에 나올 수 있는 블록 모양은 무엇입니까?

Hint : 이벤트 시작 블록

❷ 서로 연결하여 사용할 수 있는 블록 모양은 무엇입니까?

Hint : 연결 블록

❸ 혼자서는 사용할 수 없고 다른 블록 안에 끼워넣어 사용할 수 있는 블록 모양은 무엇입니까?

Hint : 판단 / 인수 블록

❹ 블록 코드의 아래쪽에 연결할 수 없는 가장 끝에 위치하는 블록 코드는 무엇입니까?

Hint : 이벤트 종료 블록

2 다음 보기의 블록에 대해 도움말을 통해 사용 방법을 확인하고 내용을 적어 보세요.

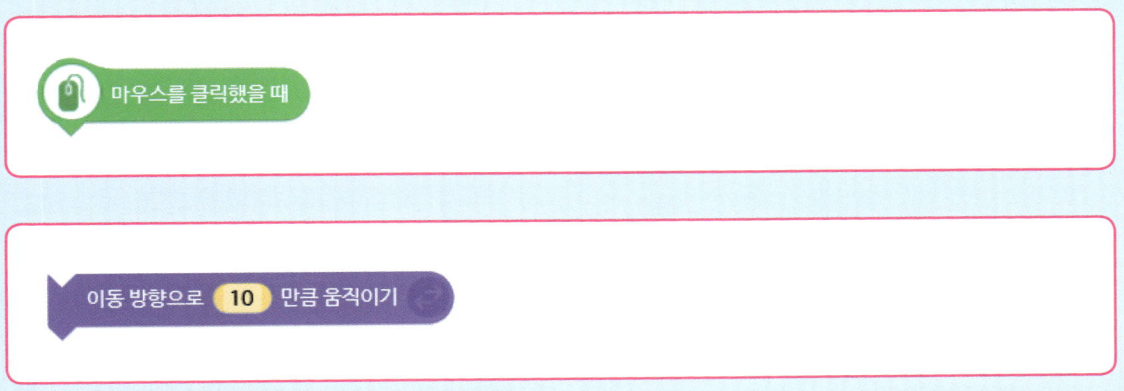

제09장 · 블록 코드 알아보기 **61**

프로그램 간단하게 만들기~*

다음 보기의 그림을 프로그래밍한 내용입니다. 프로그램을 확인하고 좀 더 프로그램의 길이를 짧게 개선할 수 있는 방법을 생각해서 만들어 보세요.

[프로그램]

[프로그램 개선]

🍬 다음 보기의 그림을 프로그래밍한 내용입니다. 어느 부분이 잘못되었는지 찾아서 수정해 보세요.

[프로그램]

Start → ▦ → ↓ ▦ → ↓ ▦ ↓ ← ▦ ↑ ← ▦

[프로그램 수정]

제10장 · 프로그램 간단하게 만들기 **63**

블록 연결 및 실행하기

Chapter 10

오늘의 놀이
* 엔트리 프로그램의 블록 연결 및 삭제 방법을 알아봅니다.
* 엔트리 프로그램의 실행 및 정지 방법을 알아봅니다.

완성

핵심놀이   명령어 블록 형태에 따른 종류 알아보기

- 블록의 연결은 블록 꾸러미 영역에서 사용할 블록 코드를 드래그하여 블록 조립소의 연결할 블록 코드에 가까이 위치하면 자석처럼 붙어 자동으로 연결됩니다.
- 블록 조립소에 블록이 포함되어 있어도 특정 제어를 위한 이벤트 블록과 연결이 떨어져 있다면 명령어 블록의 기능이 실행되지 않습니다.
- 블록 조립소에서 블록을 연결하여 프로그램 코딩이 완성되면 ▶[시작하기]를 클릭하여 프로그램을 실행할 수 있으며, 무대에서 프로그램의 결과를 확인할 수 있습니다. 실행을 종료할 경우 ■[정지하기]를 클릭하면 프로그램이 멈춥니다.
- 무대 항목에 포함된 속도 조절( ) 아이콘을 클릭하면 속도 조절기가 표시되며, 조절기( )를 드래그하여 실행 속도를 조절할 수 있습니다.

엔트리 블록 연결하기

1 엔트리 프로그램에서 [블록] 탭-[생김새] 꾸러미를 클릭한 후 블록을 드래그하여 블록 조립소의  블록의 위쪽에 연결합니다.

> **TIP**
>
> `다음 모양으로 바꾸기` 살펴보기
>
> 엔트리봇 오브젝트의 [모양] 탭에 표시된 2가지 엔트리봇 모양을 순서대로 바꿔 무대에 표시합니다.

2 같은 방법으로 [흐름] 꾸러미의 `2 초 기다리기` 블록을 드래그하여 `이동 방향으로 10 만큼 움직이기` 블록 위쪽에 연결한 후 입력값(0.1)을 수정합니다.

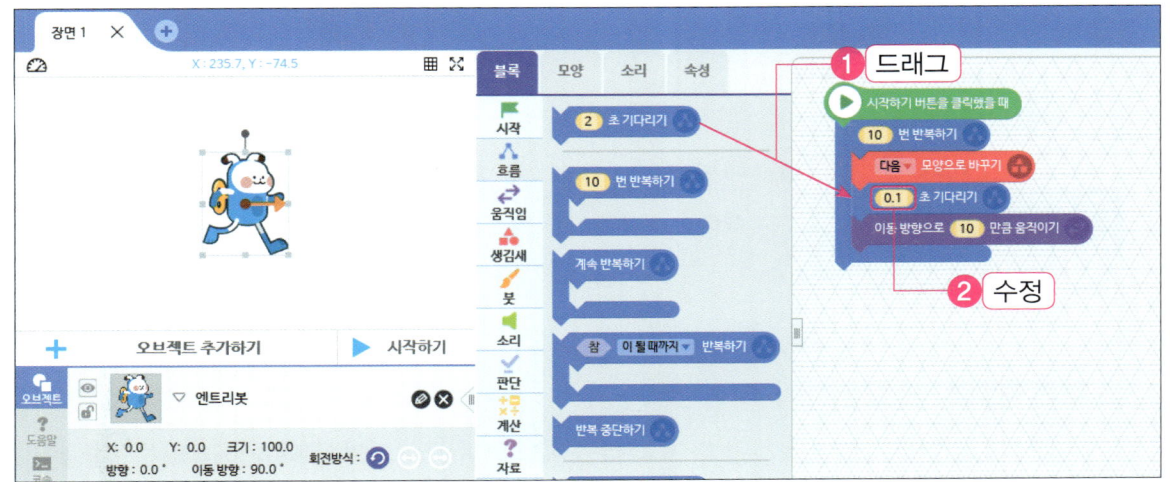

> **TIP**
>
> **블록 조립소의 블록을 삭제하는 방법**
> - 삭제할 블록을 블록 조립소의 휴지통 아이콘(🗑)으로 드래그합니다.
> - 삭제할 블록을 블록 꾸러미 영역으로 드래그합니다.
> - 삭제할 블록에서 마우스 오른쪽 단추를 눌러 바로 가기 메뉴의 [코드 삭제]를 클릭합니다.

엔트리 프로그램 실행 및 정지하기

❶ 완성한 프로그램을 실행하기 위해 ▶[시작하기]를 클릭합니다.

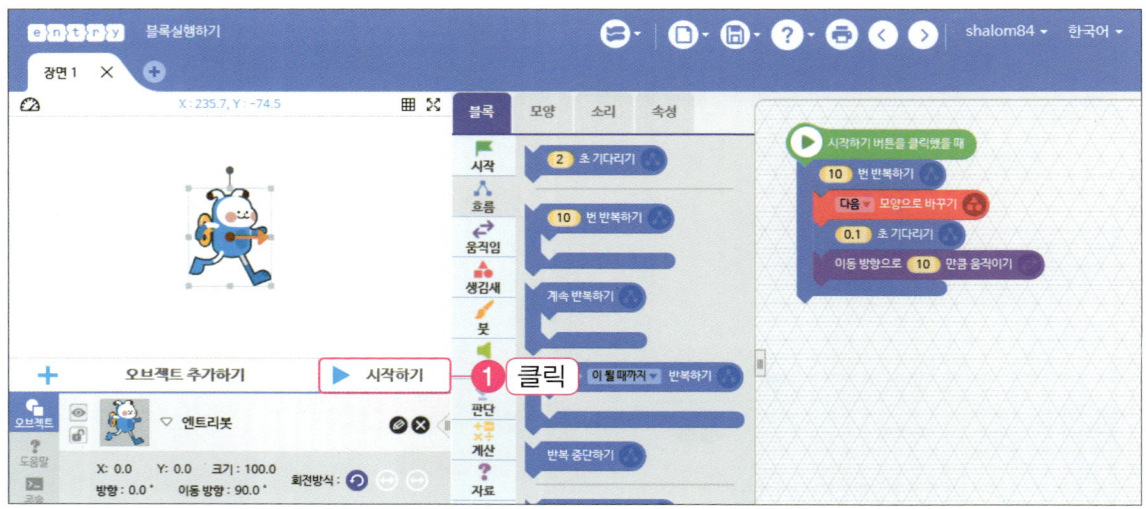

❷ 블록 조립소의 프로그램에 따라 무대에서 오브젝트가 실행되며, ■[정지하기]를 클릭하면 실행이 종료됩니다.

TIP

화면 확대하여 실행하기

무대 창의 ⛶[확대]를 클릭하면 무대 부분만 확대하여 표시되며, 무대 안에 표시된 실행 모양을 클릭하여 완성한 프로그램을 확인할 수 있습니다.

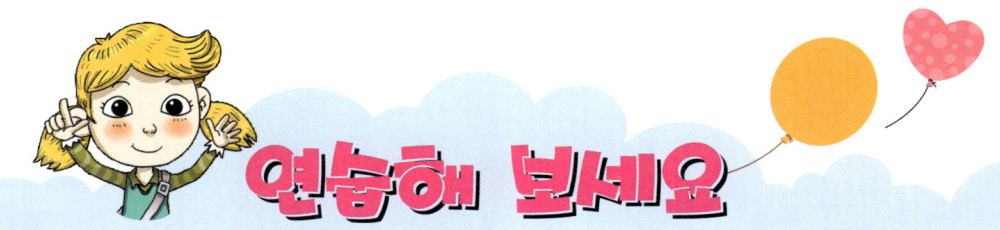

1 엔트리봇 오브젝트에서 다음과 같이 블록을 조립한 후 실행해 보세요.

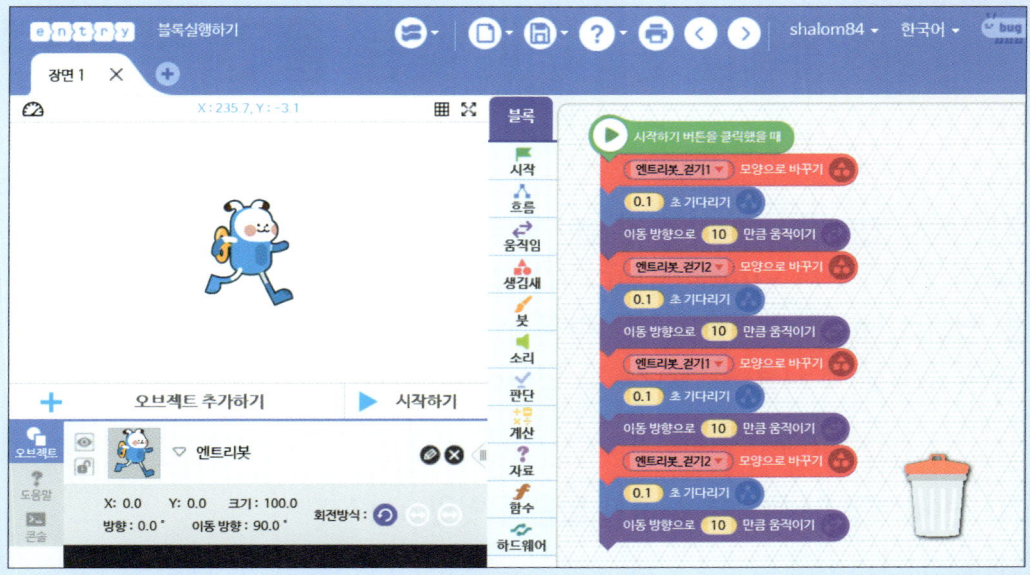

2 앞에서 완성한 프로그램의 내용을 다음과 같이 수정한 후 실행해 보세요.

- 블록 조립소의 모든 `이동 방향으로 10 만큼 움직이기` 블록에서 입력값을 '-10'으로 수정

3 ①번 프로그램과 ②번 프로그램의 실행에 따른 차이점을 설명해 보세요.

제10장 · 블록 연결 및 실행하기 **67**

11 작업 순서에 맞는 물건 찾기~*

논리적 사고 능력

우리집은 식사 전에 먼저 해야할 일들이 있습니다.
첫 번째로 TV는 꺼져 있어야 합니다. 그 후 손을 씻고 식탁의 정해진 자리에 앉아 식사를 합니다. 이때, 숟가락과 젓가락은 스스로 가져와야 하고 식사를 모두 마치면 내가 먹은 그릇과 수저를 싱크대에 꼭 넣어야 한답니다.

▶ 식사 전에 가장 첫 번째로 해야할 일은 무엇입니까?

▶ 리모컨을 이용하여 TV를 끄고 해야 할 일은 무엇입니까?

▶ 식사를 마친 후 해야 할 일은 무엇입니까?

🍬 식사 전에 진행하는 순서를 생각하여 괄호 안에 들어갈 장소 또는 물건을 찾아 순서대로 적어 보세요.

① [   ]   ② [   ]
③ [   ]   ④ [   ]

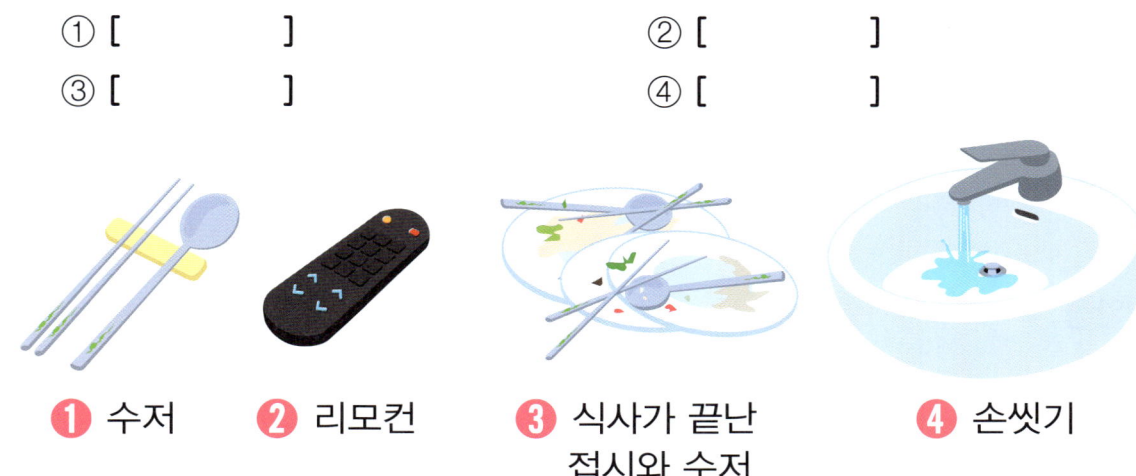

❶ 수저   ❷ 리모컨   ❸ 식사가 끝난 접시와 수저   ❹ 손씻기

🍬 아래의 집 안 구조를 보고 이야기의 진행 순서를 생각하여 순서에 맞게 괄호안에 번호를 적어 보세요.

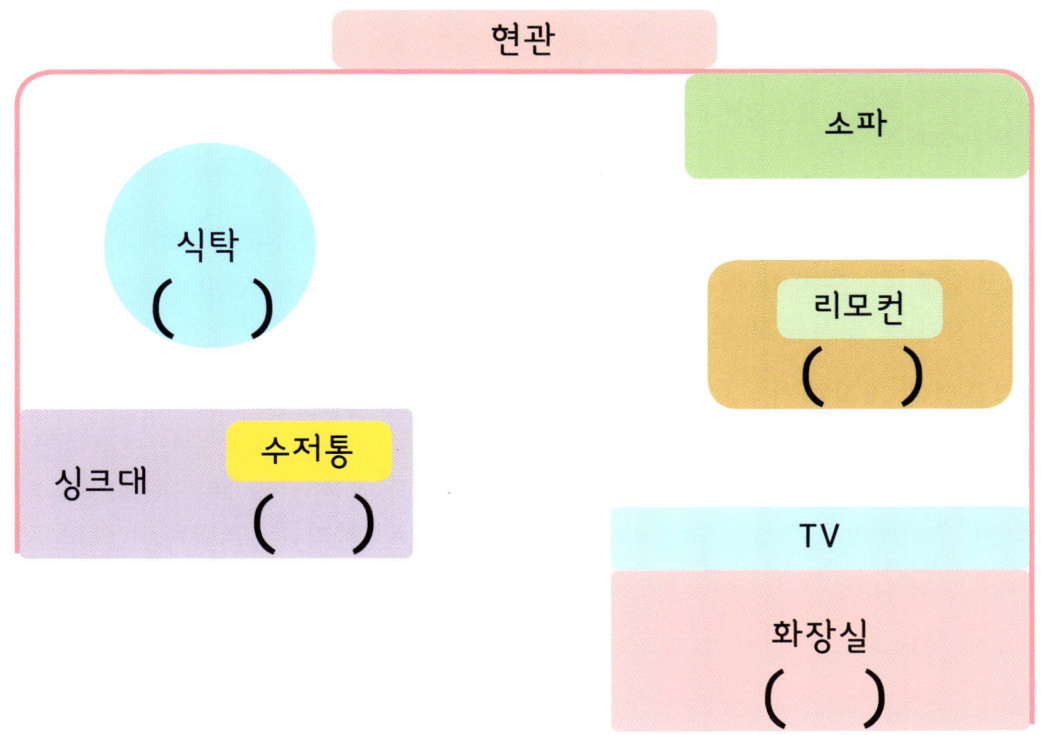

제11장 • 작업 순서에 맞는 물건 찾기

코딩놀이

오프라인 파일 불러오기 및 컴퓨터에 저장하기

Chapter 11

오늘의 놀이
- 저장된 엔트리 파일을 불러오는 방법에 대해 알아봅니다.
- 완성한 프로그램을 컴퓨터에 저장하는 방법에 대해 알아봅니다.

완성

핵심놀이 오프라인 작품 불러오기 및 내 컴퓨터에 저장하기

오프라인 작품 불러오기

내 컴퓨터에 저장되어 있는 엔트리 프로그램 파일을 웹으로 불러와 사용하는 방법으로 📂-[오프라인 작품 불러오기] 메뉴를 선택한 후 [업로드할 파일 선택] 대화상자에서 불러올 파일을 선택한 다음 [열기] 단추를 클릭하여 불러옵니다.

내 컴퓨터에 저장하기

웹에서 작성한 엔트리 프로그램 파일을 내 컴퓨터에 저장하는 방법으로 💾-[내 컴퓨터에 저장하기] 메뉴를 선택하면 화면 아래쪽에 저장을 묻는 대화상자가 표시되며, 웹 브라우저에 따라 [저장 후 열기] 또는 [열기]를 클릭하면 [다운로드] 폴더에 저장된 것을 확인할 수 있습니다.

오프라인 작품 불러오기

① 엔트리 계정에 로그인한 후 ▣－[오프라인에서 작품 불러오기] 메뉴를 클릭합니다.

② [열기] 대화상자가 표시되면 **폴더 위치(Chapter11) 및 파일 이름(작품1)을 선택**한 다음 **[열기] 단추를 클릭**합니다.

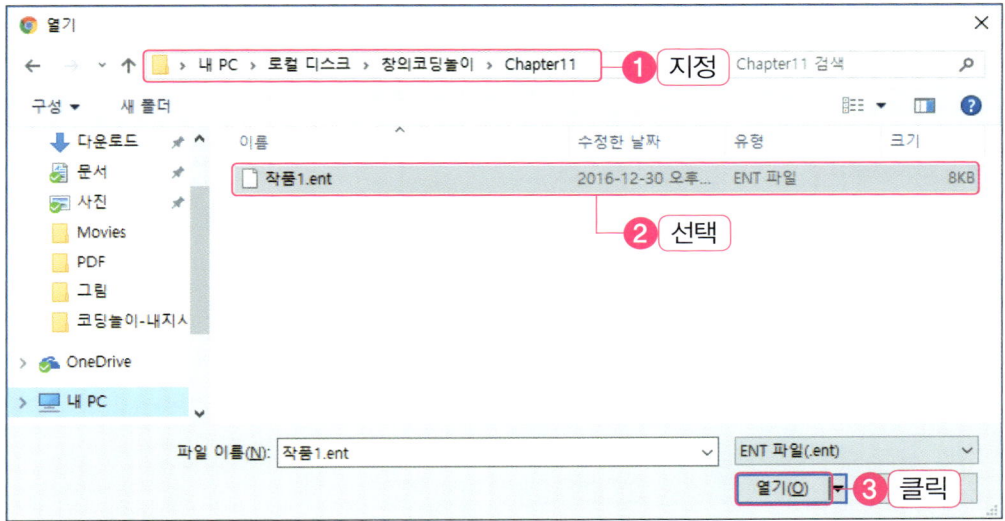

③ 웹을 이용한 엔트리 프로그램에서 선택한 파일이 열립니다.

제11장 · 오프라인 파일 불러오기 및 컴퓨터에 저장하기 **71**

내 컴퓨터에 저장하기

1 작품 이름(작품2)을 수정한 후 ▣-[내 컴퓨터에 저장하기] 메뉴를 클릭합니다.

2 화면 아래쪽에 작품 이름이 표시되면 목록 단추(∧)를 누른 후 [폴더 열기] 메뉴를 클릭합니다.

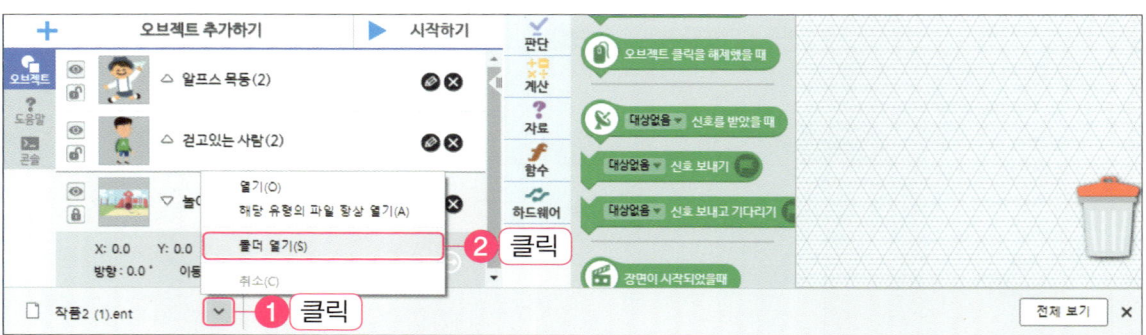

TIP
인터넷 익스플로러에서 저장하기

웹 브라우저가 인터넷 익스플로러인 경우 화면 아래쪽에 다운로드에 관련된 대화상자가 표시되며, [저장]의 목록 단추(▼)를 클릭한 후 [저장 후 열기] 메뉴를 클릭합니다.

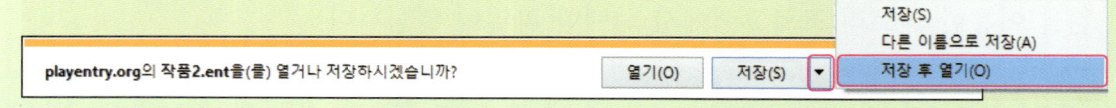

3 [다운로드] 폴더에 웹에서 저장한 엔트리 파일(작품2)이 다운로드되어 표시됩니다.

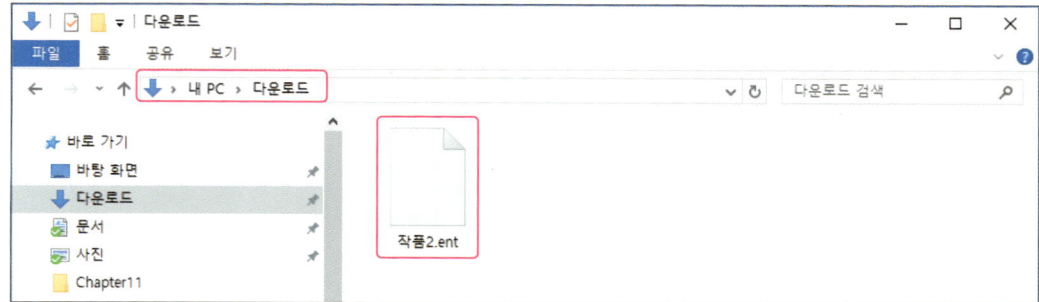

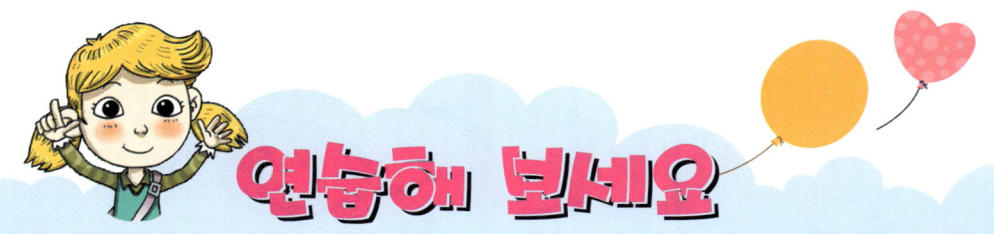

1. 웹을 이용한 엔트리 프로그램에서 [Chapter11] 폴더의 '공포1.ent' 파일을 열어보세요.

2. '공포1' 파일에서 오브젝트를 추가한 후 내 컴퓨터에 '공포2.ent' 이름으로 저장해 보세요.
   - 오브젝트(흡혈귀)를 결과화면을 참고하여 임의의 위치에 추가

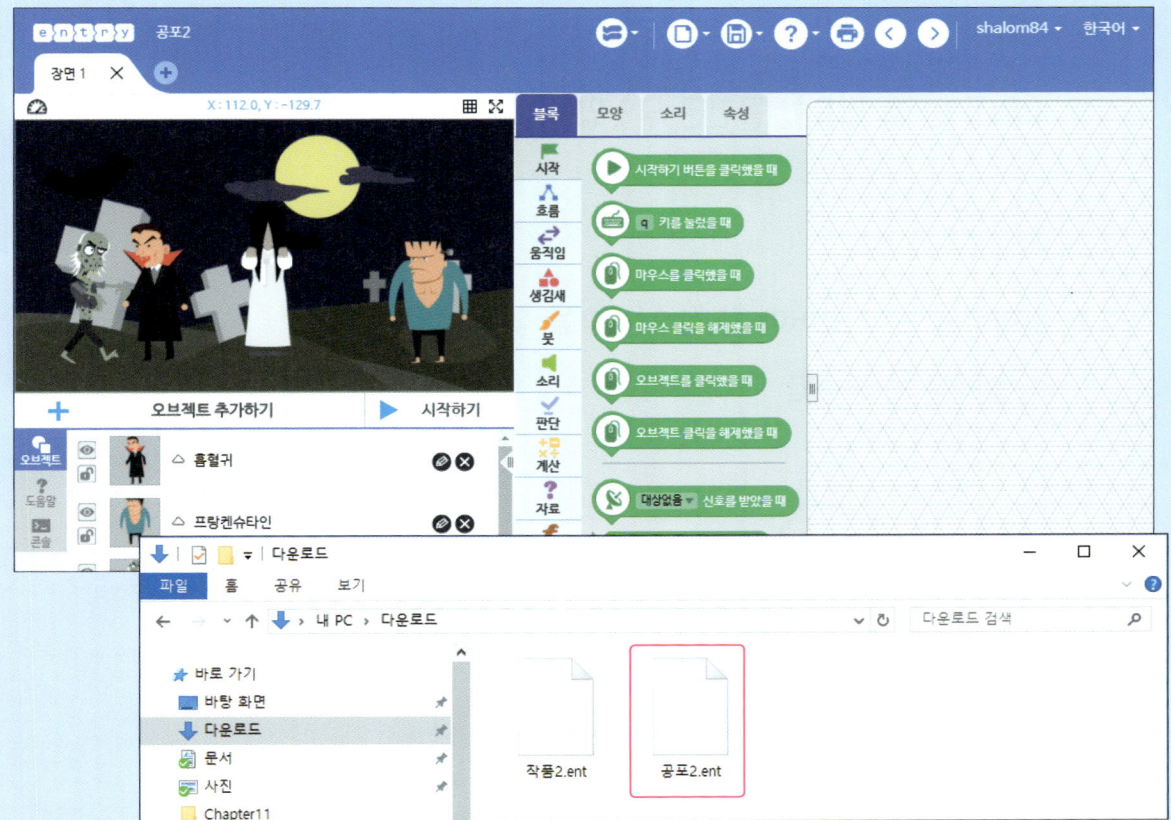

12 물건을 쉽게 찾을 수 있도록 가방 정리하기~*

논리적 사고 능력

시온이는 수영장을 가기 위해 준비물을 챙기려 합니다.
실내 수영장이라 꼭 수영복과 함께 물안경과 수영모자가 필요합니다. 수영 중간에 휴식 시간이 생기면 먹기 위해 간식을 챙기고 수영이 끝난 후 갈아입을 옷과 수건도 챙깁니다. 수영장에서의 과정을 생각하여 가방의 물건을 챙기면 시간이 절약되고 물건도 쉽게 찾을 수 있겠죠?
(주의 : 간식은 수영을 하고 나서 중간에 먹을 예정이고 수영을 끝낸 후 샤워를 하고 몸을 닦은 다음 새옷으로 갈아 입을 예정입니다.)

▶ 수영을 할 때 필요한 물건은 무엇입니까?

▶ 샤워를 한 후 필요한 물건은 무엇입니까?

▶ 갈아입을 옷이 있어야 할 장소는 다음 중 어디입니까?
- 탈의실 옷 보관함
- 수영장

74 창의코딩놀이(1) · 엔트리

🍬 가방의 맨 아래쪽부터 챙길 물건들을 적어 보세요.

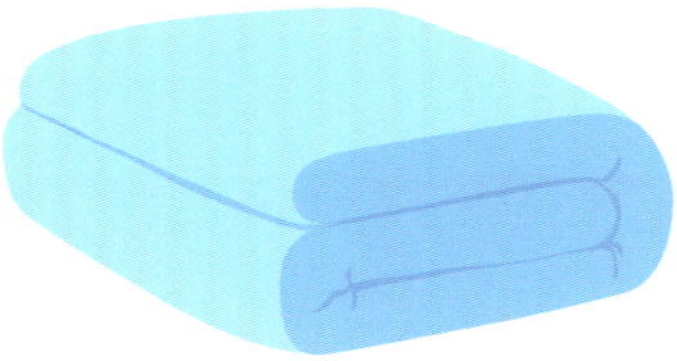

❶ 수건　　　❷ 간식

❸ 수영복　　❹ 갈아입을 옷

(　　　　　)
(　　　　　)
(　　　　　)
(　　　　　)

제12장 · 물건을 쉽게 찾을 수 있도록 가방 정리하기

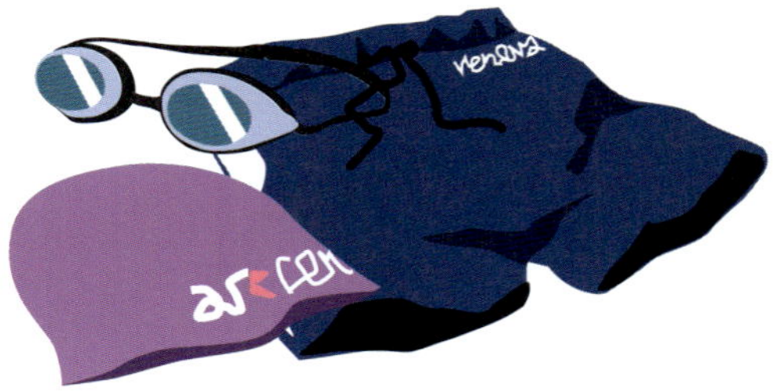

순차 알고리즘 알아보기

Chapter 12

오늘의 놀이
* 순차 알고리즘의 정의에 대해 알아봅니다.
* 블록을 이용하여 순차 알고리즘을 배워봅니다.

핵심놀이 순차 알고리즘

순차 알고리즘이란 주어진 과제를 해결하기 위한 처리의 절차가 순서적으로 진행되는 프로그램 코딩을 의미합니다.

알고리즘의 가장 기본적인 방법으로 동작이나 명령을 순서대로 나열하여 실행하는 순서를 알려주는 것입니다.

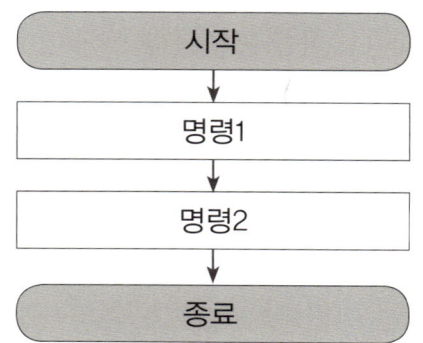

순서도의 그림처럼 순차 알고리즘은 화살표가 가리키는 순서대로 명령을 실행한답니다.

순차 알고리즘 연습하기

 인터넷에서 **주소(http://code.org)를 입력**하여 이동한 후 **[학생들]을 클릭**합니다.

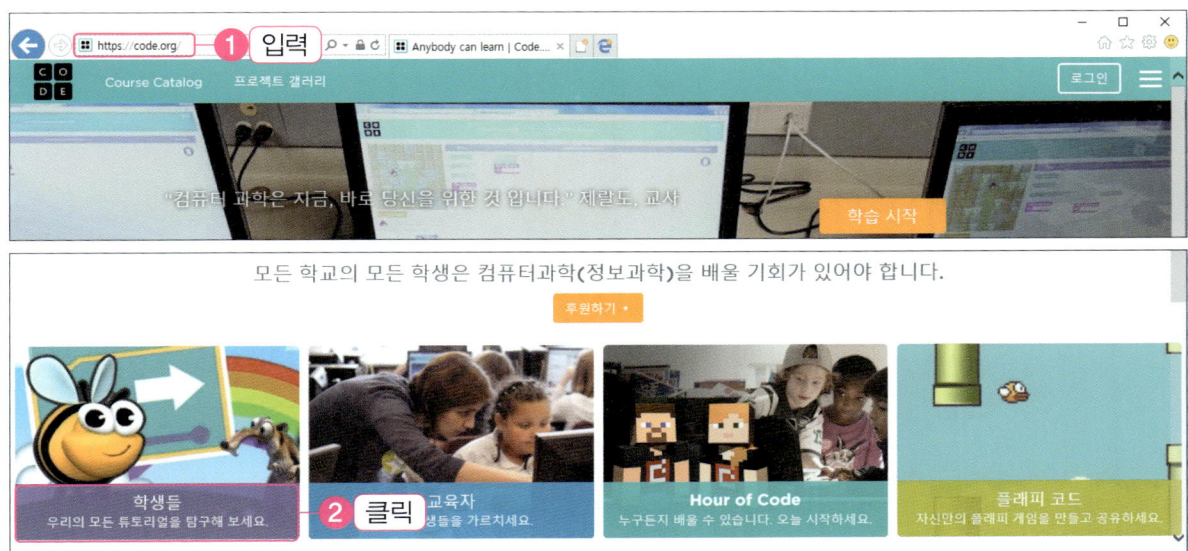

 code.org 사이트의 학생들 화면으로 이동되면 **[과정1]을 클릭**합니다.

③ **[과정1]** 화면이 표시되면 **[미로: 순차]의 1단계를 클릭**합니다.

제12장 · 순차 알고리즘 알아보기 **77**

④ '오른쪽 돼지에게 보내주세요.' 메시지가 표시되면 [확인] 단추를 클릭한 후 화난새가 돼지를 잡을 수 있도록 **블록으로 연결**한 다음 [실행] 단추를 클릭합니다.

⑤ 돼지의 위치까지 이동되면 1번 퍼즐이 해결되었다는 메시지가 표시되며, **[계속하기]를 클릭**하면 다음 단계로 넘어갑니다. 같은 방법으로 순차 알고리즘을 연습합니다.

⑥ 15단계까지의 순차 알고리즘 연습을 진행한 후 [미로: 디버깅] 단계로 전환되면 [**전체 단계**]를 클릭한 다음 [**유닛 살펴보기**] 단추를 클릭합니다.

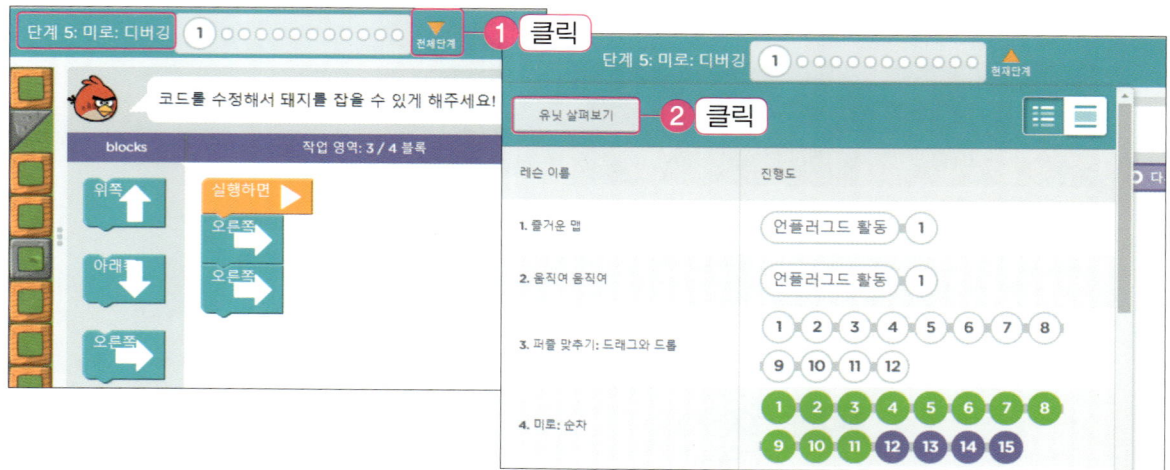

1. 코드(code.org) 사이트의 [과정1]에서 [꿀벌: 순차]의 1~15 단계를 진행해 보세요.

2. 코드(code.org) 사이트의 [과정1]에서 [화가: 순차]의 1~12 단계를 진행해 보세요.

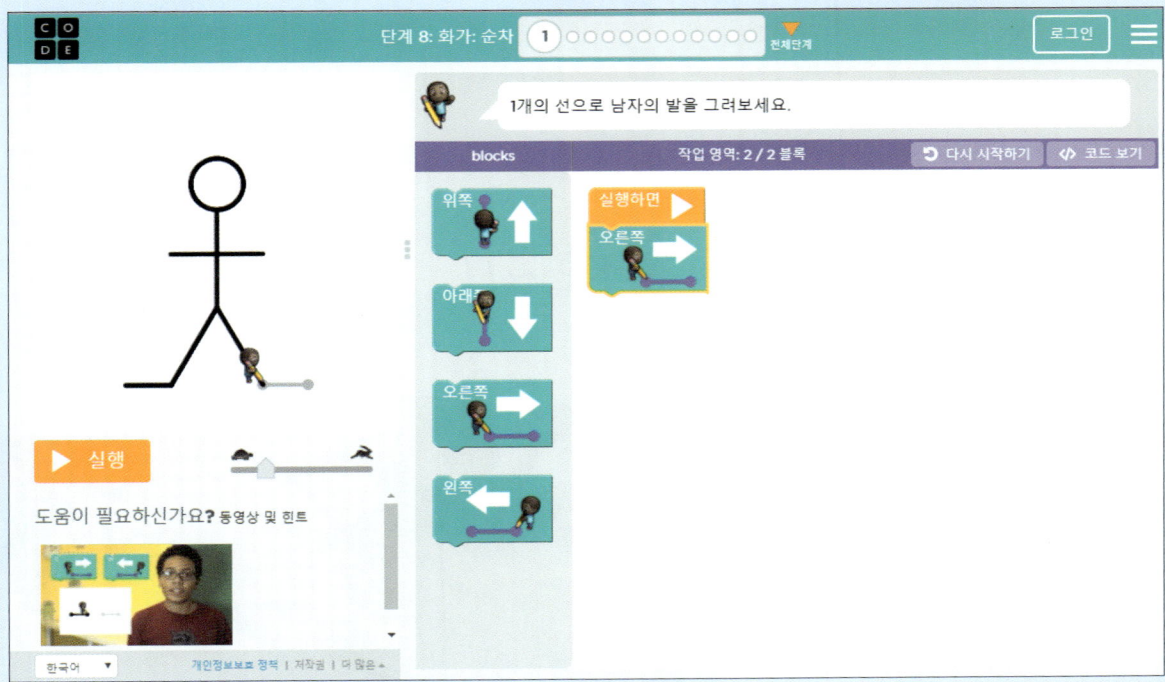

제12장 · 순차 알고리즘 알아보기 **79**

절차적 사고 능력

마트 가는길 만들기~*

시온이가 어머님의 심부름으로 마트에 가려고 합니다. 아래의 명령어를 참고하여 마트에 가는 방법을 알고리즘으로 만들어 보세요.

- 앞으로 이동
- 왼쪽으로 90도 회전
- 오른쪽으로 90도 회전

🍬 [알고리즘]

```
앞으로 이동
    ↓
    [            ]
         ↓
         오른쪽으로 90도 회전 → 앞으로 이동
                                    ↓
                                    [            ]
```

▶ 마트에서 다시 출발점으로 돌아갈 경우 바꾸어야 할 블록과 수정할 블록을 골라 보세요.

바꾸어야할 블록

수정할 블록

제13장 · 마트 가는길 만들기

Chapter 13 엔트리봇 자기 소개하기

오늘의 놀이
- 블록을 이용한 말풍선 작성 방법에 대해 알아봅니다.
- 시간에 따른 말풍선 표시 방법에 대해 알아봅니다.

완성

핵심놀이 — 핵심 블록 코드 설명하기

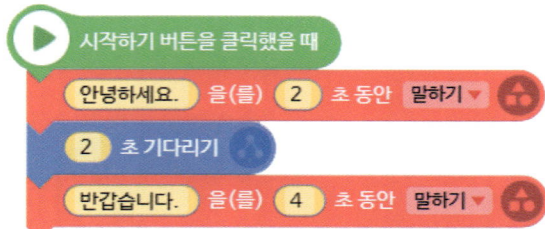

▶ [시작하기] 버튼을 클릭했을 때 엔트리봇 오브젝트가 '안녕하세요.'를 2초 동안 말한 후 2초를 기다린 다음 '반갑습니다.'를 4초 동안 말합니다.

 ▶  ▶

82 창의코딩놀이(1) · 엔트리

블록을 이용한 엔트리봇 말하기

1 엔트리 계정에 로그인한 후 -[오프라인에서 작품 불러오기] 메뉴를 클릭한 다음 [Chapter13] 폴더의 '자기소개1.ent' 파일을 불러옵니다.

> **TIP**
> **오프라인에서 작품 불러오기**
> -[오프라인에서 작품 불러오기] 메뉴를 클릭한 후 [열기] 대화상자가 표시되면 [Chapter13] 폴더의 '자기소개1.ent' 파일을 선택한 다음 [열기] 단추를 클릭합니다.

2 엔트리봇 오브젝트에서 [블록] 탭-[시작] 꾸러미 목록의 `시작하기 버튼을 클릭했을 때` 블록을 드래그하여 블록 조립소로 이동합니다.

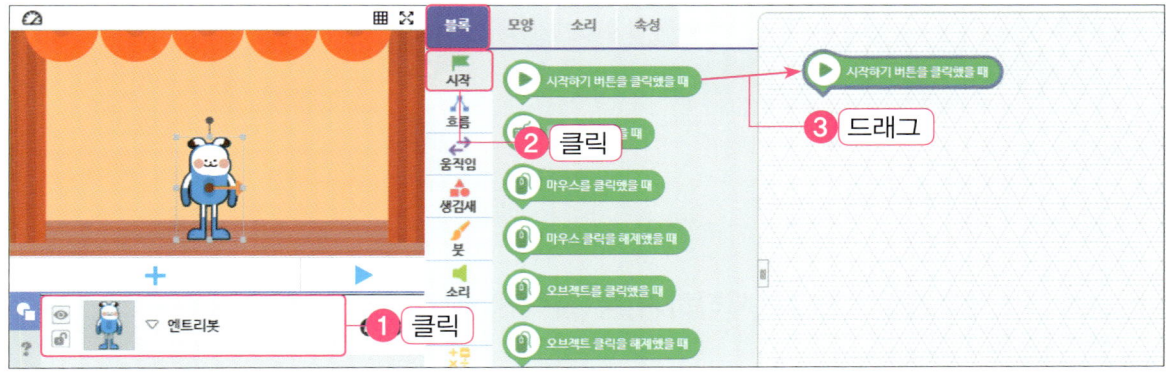

3 [생김새] 꾸러미의 `안녕! 을(를) 4 초 동안 말하기` 블록을 드래그하여 블록 조립소의 `시작하기 버튼을 클릭했을 때` 블록 아래에 연결한 후 내용(안녕하세요.) 및 입력값(2)을 수정합니다.

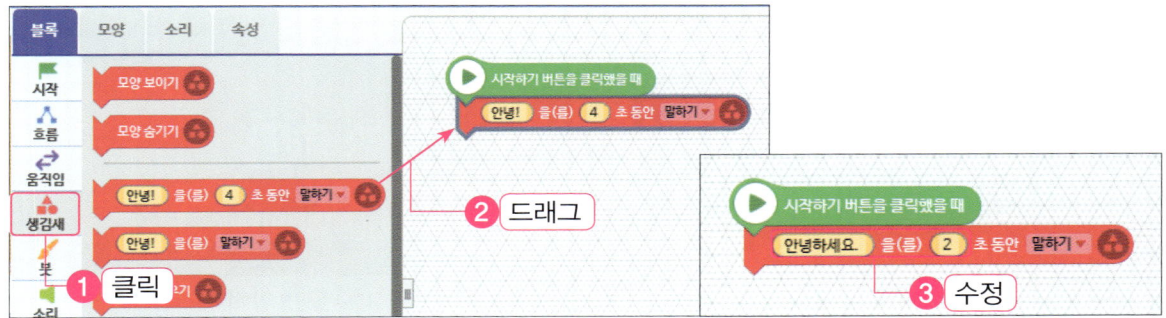

제13장 · 엔트리봇 자기 소개하기 **83**

시간에 따른 순서대로 말하기

1. [흐름] 꾸러미의 `2 초 기다리기` 블록을 드래그하여 `안녕하세요. 을(를) 2 초 동안 말하기` 블록 아래에 연결한 후 **입력값(1)을 수정**합니다.

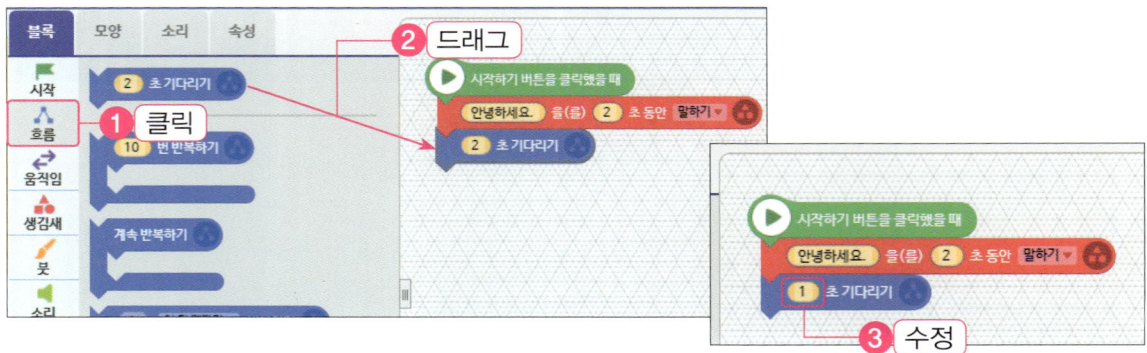

2. 같은 방법으로 [생김새] 꾸러미의 `안녕! 을(를) 4 초 동안 말하기` 블록을 드래그하여 `1 초 기다리기` 블록 아래에 연결한 후 **내용(저는 엔트리봇이라고 합니다.)을 수정**합니다.

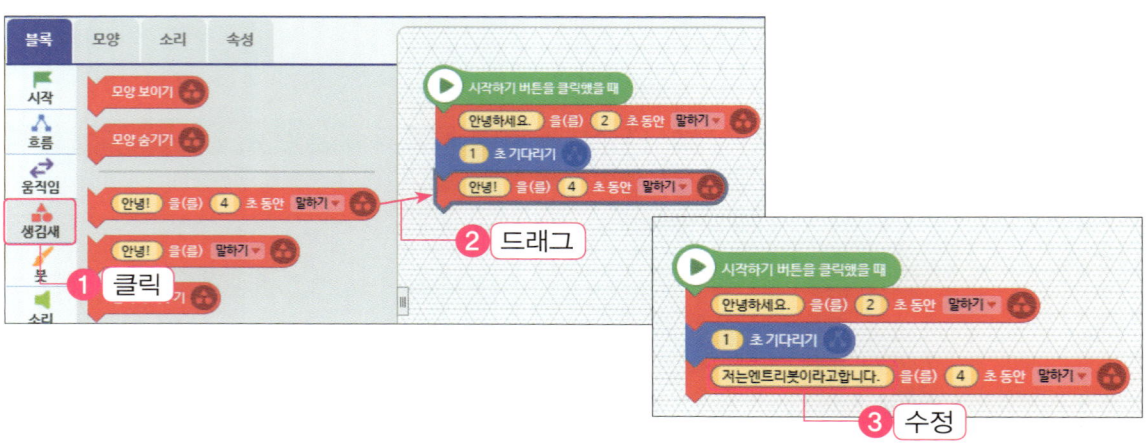

3. 블록 코딩이 완성되면 ▶[시작하기]를 클릭한 후 무대에서 엔트리봇이 자기 소개하는 장면을 확인합니다.

❶ 2초 동안 말하기
❷ 1초 동안 기다리기
❸ 4초 동안 말하기

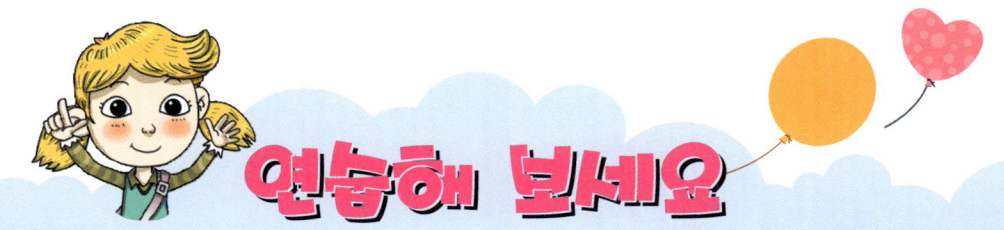

1 엔트리 프로그램에서 [Chapter13] 폴더의 '자기소개2.ent' 파일을 열고 결과화면과 같이 블록 코드를 만들어 실행해 보세요.

❶ 3초 동안 말하기
❷ 1초 동안 기다리기
❸ 4초 동안 말하기

2 선생님 오브젝트의 블록 코드를 다음과 같이 수정한 후 실행해 보세요.

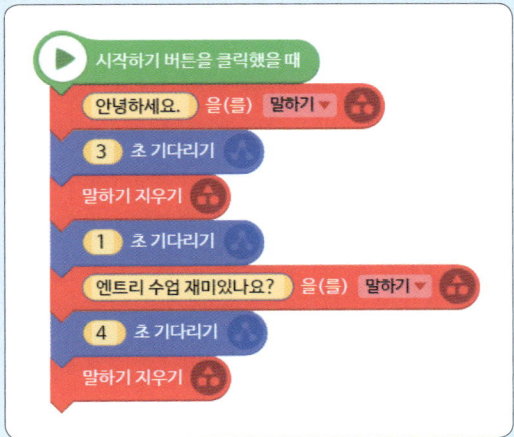

3 ❶번 블록 코드와 ❷번 블록 코드의 실행이 같은 이유를 설명해 보세요.

제13장 · 엔트리봇 자기 소개하기

14 샌드위치 만들기~*

문제 분해 능력

💧 시온이는 배가 고파 샌드위치를 만들어 먹으려고 합니다.
빵 사이에 넣을 재료는 냉장고 안의 재료들 중에서 세 가지로 정하고 영양소가 골고루 들어간 맛있는 샌드위치를 만들려고 합니다. 재료들의 색은 초록, 빨강, 노랑의 종류로 과일, 유제품, 채소류 순서로 들어간 맛있는 샌드위치입니다.

[냉장고 안의 재료]

상추	토마토(과일)	치즈	붉은고추
슬라이스햄	바나나	케첩	양파
무우	당근	녹차케이크	

▶ 빵 안에 넣을 재료의 개수를 몇 개로 정했나요?

▶ 빵 안에 넣을 재료의 색은 무슨색으로 정했나요?

▶ 빵 안에 넣을 재료의 종류는 무엇입니까?

▶ 샌드위치를 만드는 순서입니다. 냉장고 안의 재료 중에서 괄호 안에 넣을 순서로 옳은 것은 무엇입니까?

샌드위치 빵 ▶ 토마토 ▶ [　　　] ▶ [　　　] ▶ 샌드위치 빵

▶ 냉장고 안의 재료 중에서 초록색 재료는 무엇입니까?

▶ 냉장고 안의 재료 중에서 과일 종류에는 어떤 재료가 있습니까?

엔트리봇 대화 만들기

Chapter 14

코딩놀이

오늘의 놀이
* `2 초 기다리기` 블록의 사용 방법에 대해 알아봅니다.
* 오브젝트의 대화를 만드는 방법에 대해 알아봅니다.

완성

핵심놀이 오브젝트간의 대화에 필요한 `2 초 기다리기` 블록 설명하기

두 개의 오브젝트가 무대에서 대화가 이루어지도록 `안녕! 을(를) 4 초 동안 말하기` 블록을 이용하여 블록 코드를 작성할 때에 가장 중요한 것이 `2 초 기다리기` 블록의 위치 및 시간 설정입니다. 위치 및 시간 설정이 맞지 않을 경우 두 개의 오브젝트가 동시에 말풍선을 표시하거나 먼저 나와야 할 대화 내용이 오히려 늦게 나올 수 있기 때문입니다.

학생 오브젝트의 대화 만들기

① 엔트리 계정에 로그인한 후 -[오프라인에서 작품 불러오기] 메뉴를 선택한 다음 [Chapter14] 폴더의 '대화1.ent' 파일을 불러옵니다.

② 학생 오브젝트에서 [블록] 탭-[시작] 꾸러미 목록의 시작하기 버튼을 클릭했을 때 블록을 드래그하여 블록 조립소로 이동합니다.

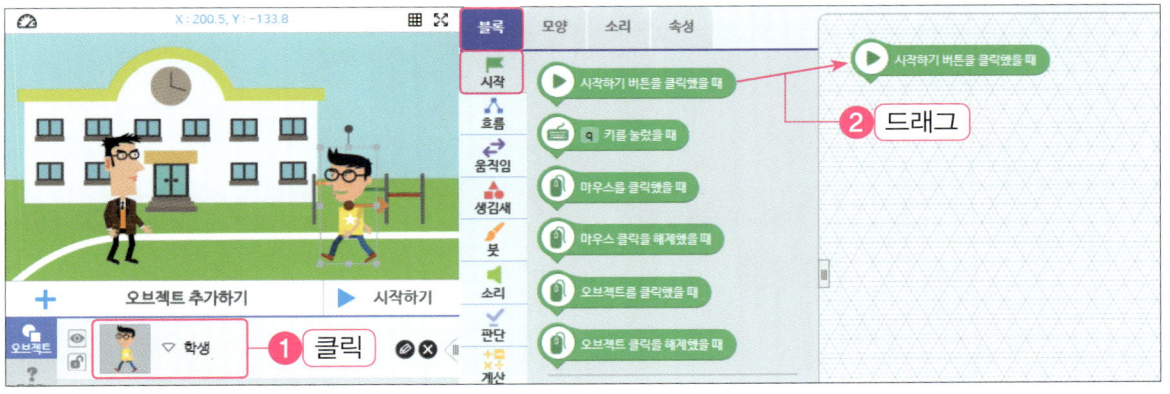

③ [생김새] 꾸러미의 안녕! 을(를) 4 초 동안 말하기 블록을 드래그하여 블록 조립소의 시작하기 버튼을 클릭했을 때 블록 아래에 연결한 후 내용(선생님~ 안녕하세요.)을 수정합니다.

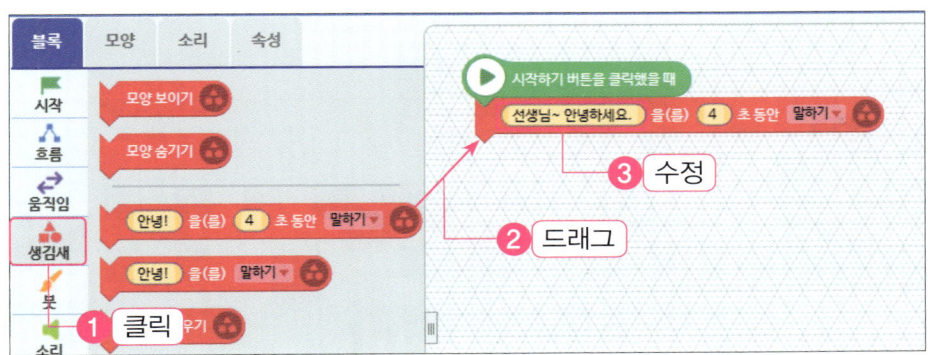

제14장 · 엔트리봇 대화 만들기 **89**

선생님 오브젝트의 대화 만들기

① **선생님 오브젝트를 선택**한 후 [시작] 꾸러미의 `시작하기 버튼을 클릭했을 때` 블록과 [흐름] 꾸러미의 `2 초 기다리기` 블록을 이용하여 다음과 같이 **블록 조립소에 블록 코드를 연결**합니다.

② 같은 방법으로 [생김새] 꾸러미의 `안녕! 을(를) 4 초 동안 말하기` 블록과 [흐름] 꾸러미의 `2 초 기다리기` 블록 등을 이용하여 **아래에 연결한 후 내용 및 입력값을 수정**합니다.

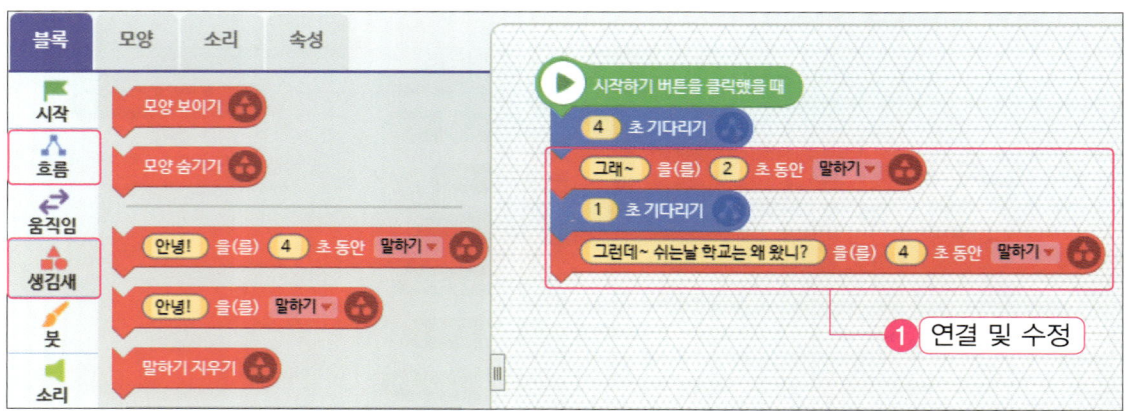

③ 블록 코딩이 완성되면 ▶[**시작하기**]를 **클릭**한 후 무대에서 학생과 선생님이 대화하는 장면을 확인합니다.

1. 엔트리 프로그램에서 [Chapter14] 폴더의 '토끼와거북이.ent' 파일을 열고 결과화면과 같이 블록 코드를 만들어 실행해 보세요.

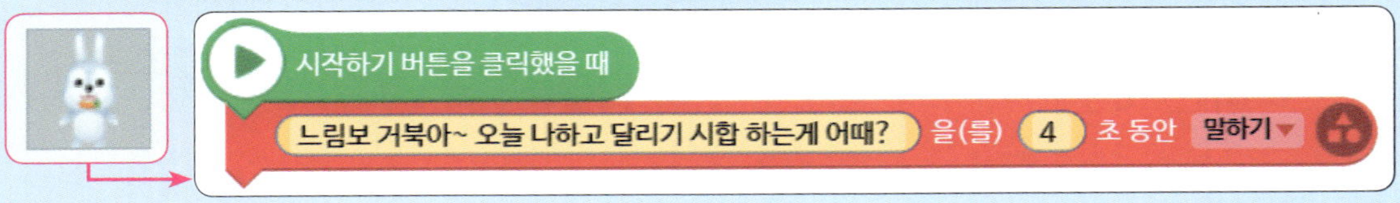

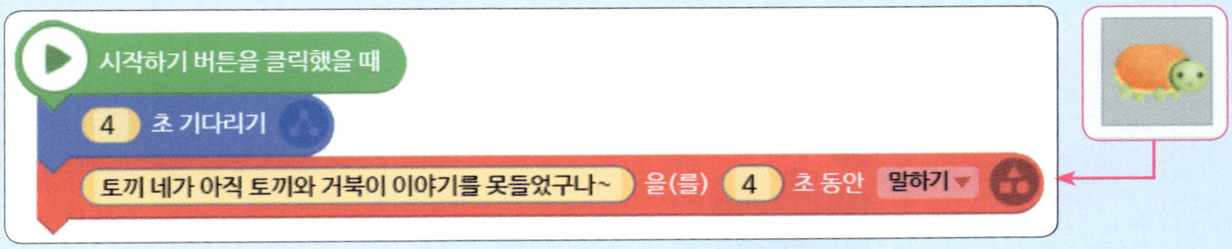

2. 토끼와 거북이 오브젝트를 이용하여 새로운 이야기를 만들어 대화를 수정해 보세요.

제14장 · 엔트리봇 대화 만들기

15 떡만두 라면 만들기~*

수학적 사고 능력

🍬 시온이는 떡만두 라면을 끓여 먹으려고 합니다.
재료마다 익는 속도가 다르므로 맛있는 라면을 먹기 위해서는 재료를 넣는 순서를 잘 생각해서 넣어야 합니다. 재료의 익는 시간을 알아보고 넣는 재료 순서를 완성해 봅니다.

[재료]

① 냉동만두 (4분)

② 물

③ 라면 (3분)

④ 떡 (2분)

⑤ 라면스프

얌얌! 쩝쩝!!~

▶ 라면을 끓이는 순서로 괄호 안에 들어갈 재료는 무엇입니까?

물 끓이기 ▶ [   ] ▶ 라면 ▶ [   ] ▶ 라면스프

▶ 라면의 국물맛을 시원하게 하기 위해 꽃게를 넣어 끓이려고 합니다. 5분 이상 끓여야 맛을 낼 수 있다는 꽃게는 어느 재료 앞에 넣어야 할까요?

❶ 라면   ❷ 떡   ❸ 냉동만두

제15장 · 떡만두 라면 만들기

Chapter 15 블록을 이용한 모양 바꾸기

오늘의 놀이
- 오브젝트의 모양 변경에 사용되는 블록을 알아봅니다.
- 블록을 이용한 오브젝트의 모양 변경 방법을 알아봅니다.

완성

핵심놀이 블록을 이용한 모양 변경하기

오브젝트의 모양은 오브젝트의 움직임을 만들때 꼭 필요한 기능으로 [생김새] 꾸러미의 표정2▼ 모양으로 바꾸기 블록이나 다음▼ 모양으로 바꾸기 블록 등을 이용하며, 지정할 오브젝트의 모양은 [모양] 탭의 목록에 표시된 모양을 이용합니다.

94 창의코딩놀이(1) · 엔트리

아랍 공주의 대화 만들기

1 엔트리 계정에 로그인한 후 -[오프라인에서 작품 불러오기] 메뉴를 선택한 다음 [Chapter15] 폴더의 '알라딘.ent' 파일을 불러옵니다.

2 아랍 공주 오브젝트에서 [블록] 탭-[시작] 꾸러미 목록의 시작하기 버튼을 클릭했을 때 블록을 드래그하여 블록 조립소로 이동합니다.

3 같은 방법으로 [생김새] 및 [흐름] 꾸러미를 이용하여 다음과 같이 블록을 연결합니다.

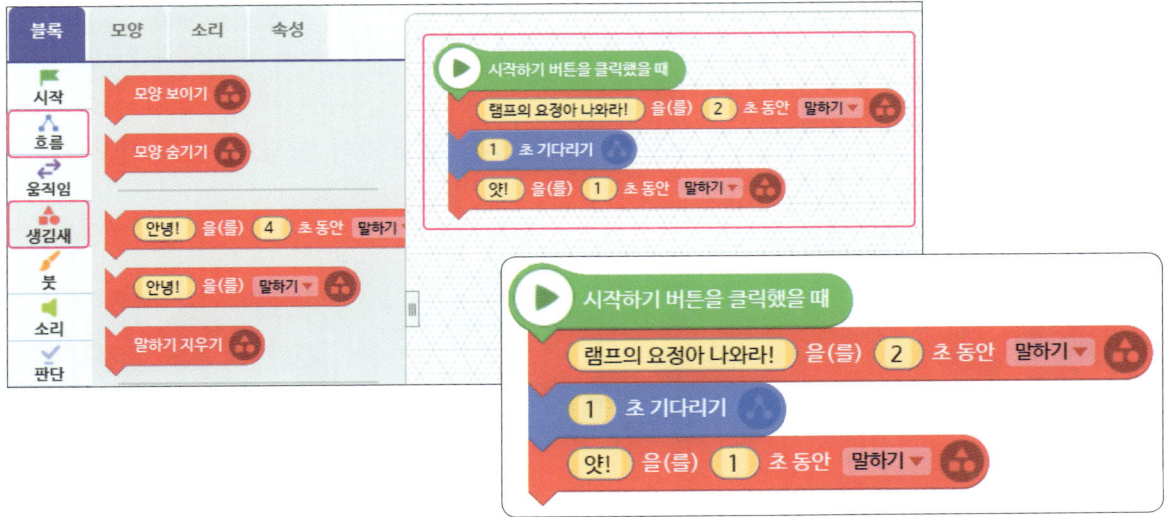

제15장 • 블록을 이용한 모양 바꾸기 **95**

램프 오브젝트의 모양 변경하기

① **램프 오브젝트를 선택**한 후 [시작] 꾸러미의 `시작하기 버튼을 클릭했을 때` 블록과 [생김새] 꾸러미의 `램프1 모양으로 바꾸기` 블록을 이용하여 다음과 같이 **블록 조립소에 연결**합니다.

② 같은 방법으로 [흐름] 및 [생김새] 꾸러미를 이용하여 다음과 같이 **연결한 후 내용 및 입력값을 수정**합니다.

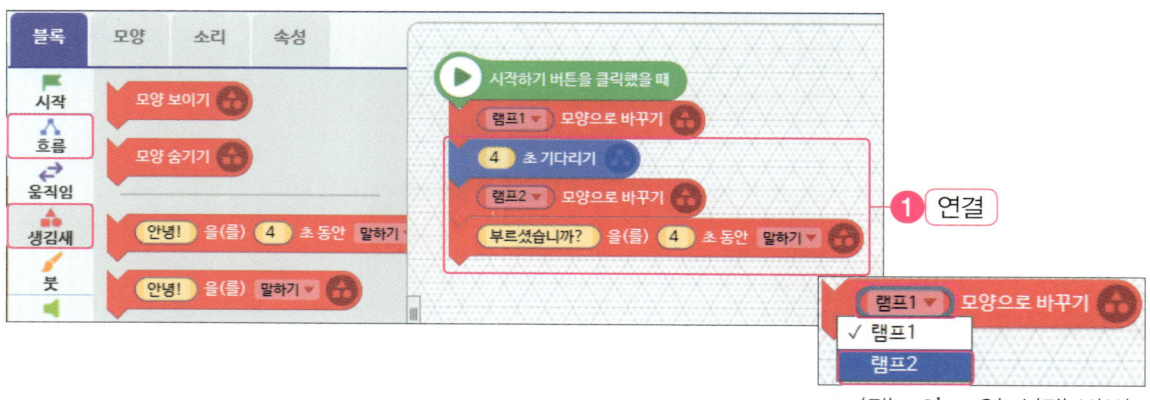

▲ '램프2' 모양 선택 방법

③ 블록 코딩이 완성되면 ▶[시작하기]를 클릭한 후 무대에서 아랍 공주의 대화 및 램프의 모양이 변경되는 장면을 확인합니다.

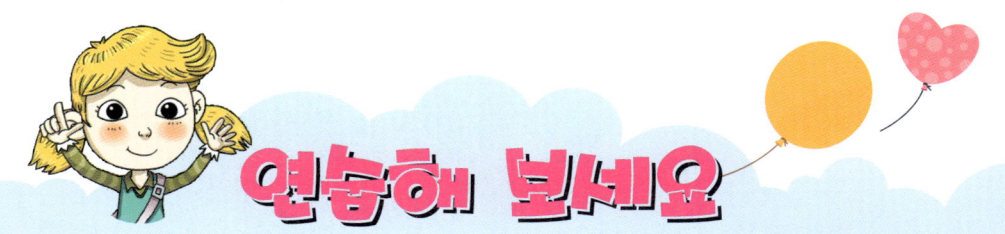

1 엔트리 프로그램에서 [Chapter15] 폴더의 '그리스신화.ent' 파일을 열고 결과화면과 같이 표시하기 위해 프로그램 중 모양으로 바꾸기 블록의 모양을 선택하고 실행해 보세요.

❶ 장면 — 날 처다보면 돌이 될것이다!

❷ 장면 — 웃기는 소리~ㅎㅎ

❸ 장면

❹ 장면 — 으악!

제15장 • 블록을 이용한 모양 바꾸기

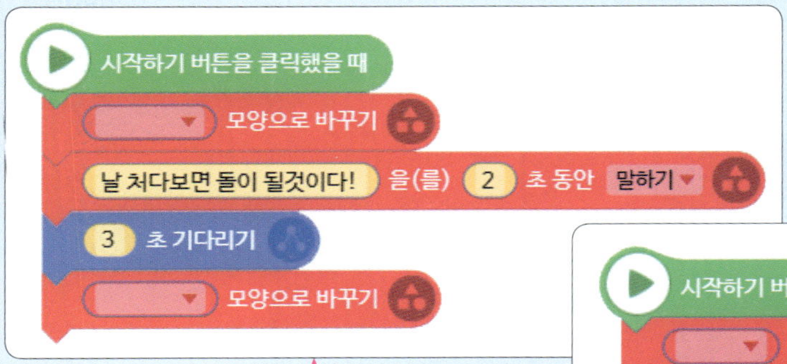

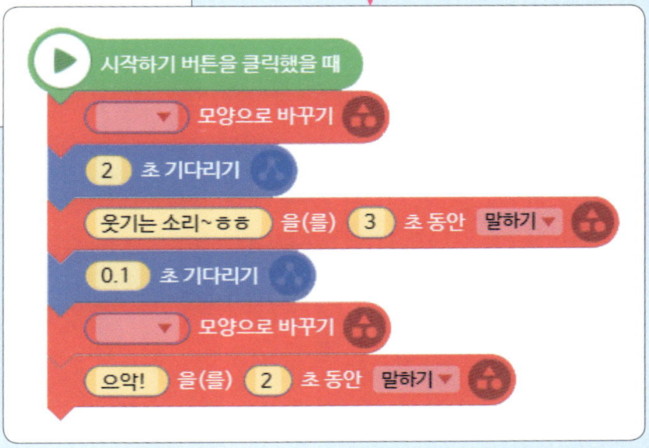

종합활동

1 엔트리에서 [Chapter16] 폴더의 '도깨비.ent' 파일을 이용하여 다음과 같이 이야기를 만들어 보세요.
- 도깨비 오브젝트의 도깨비1 ~ 도깨비3 모양을 이용하여 움직이는 동작 만들기
- 집 오브젝트의 집1 ~ 집2 모양을 이용하여 초가집이 기와집으로 바뀌는 동작 만들기
- 도깨비 오브젝트에서 이야기를 결과화면을 참고하여 재미있게 만들고 특정 시간에 집 오브젝트의 초가집이 기와집으로 모양이 바뀌도록 블록을 코딩하기

❶ 장면

❷ 장면

❸ 장면

❹ 장면

오브젝트 및 블록 조립소

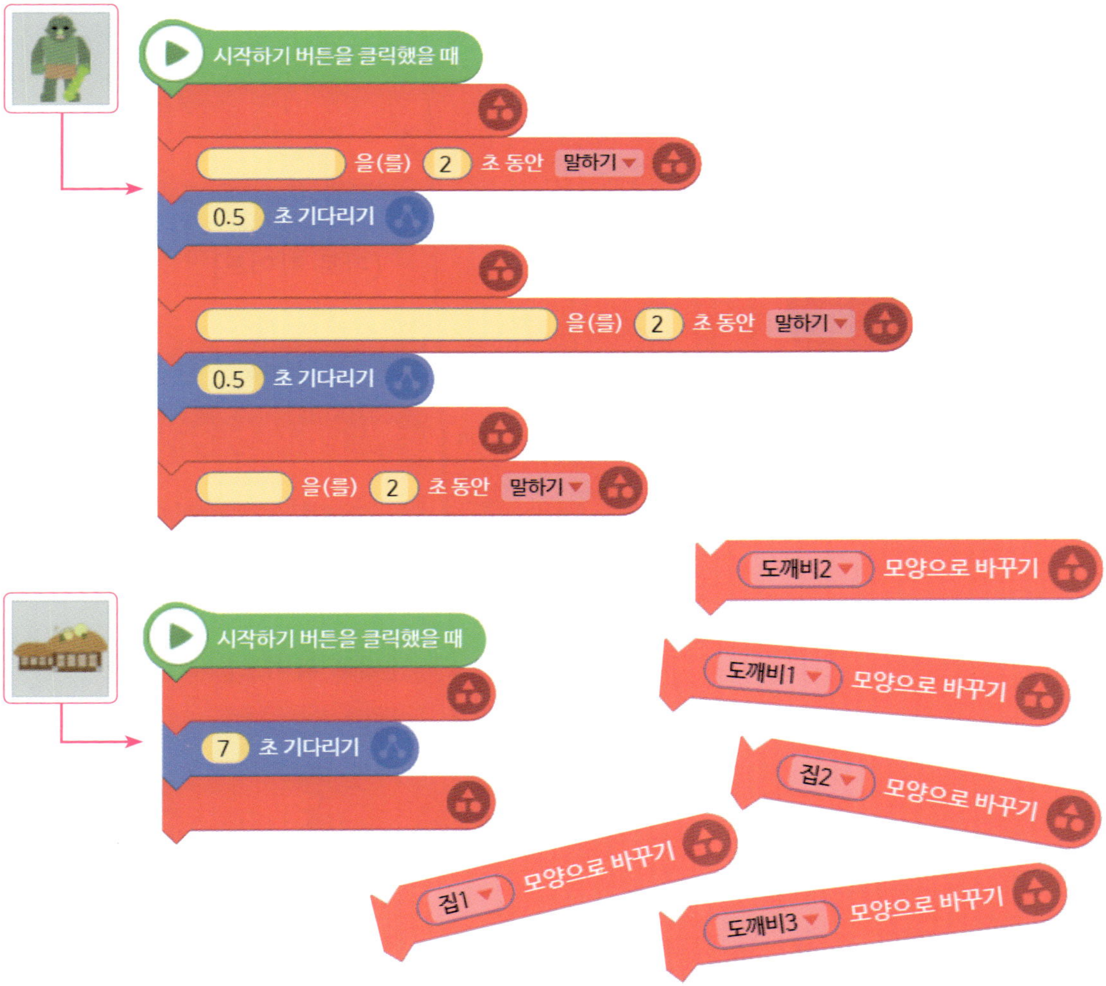

제16장 • 종합활동

17. 수도물 호수로 연결하기~*

수학적 사고 능력

> 양동이에 물을 받으려고 합니다. 수도꼭지를 틀면 양동이 쪽으로 물이 나올 수 있도록 나머지 파이프를 연결시켜 줘야하는데 A의 가로 파이프의 길이는 1m(100cm)이며, B의 세로 파이프의 길이는 20cm입니다.

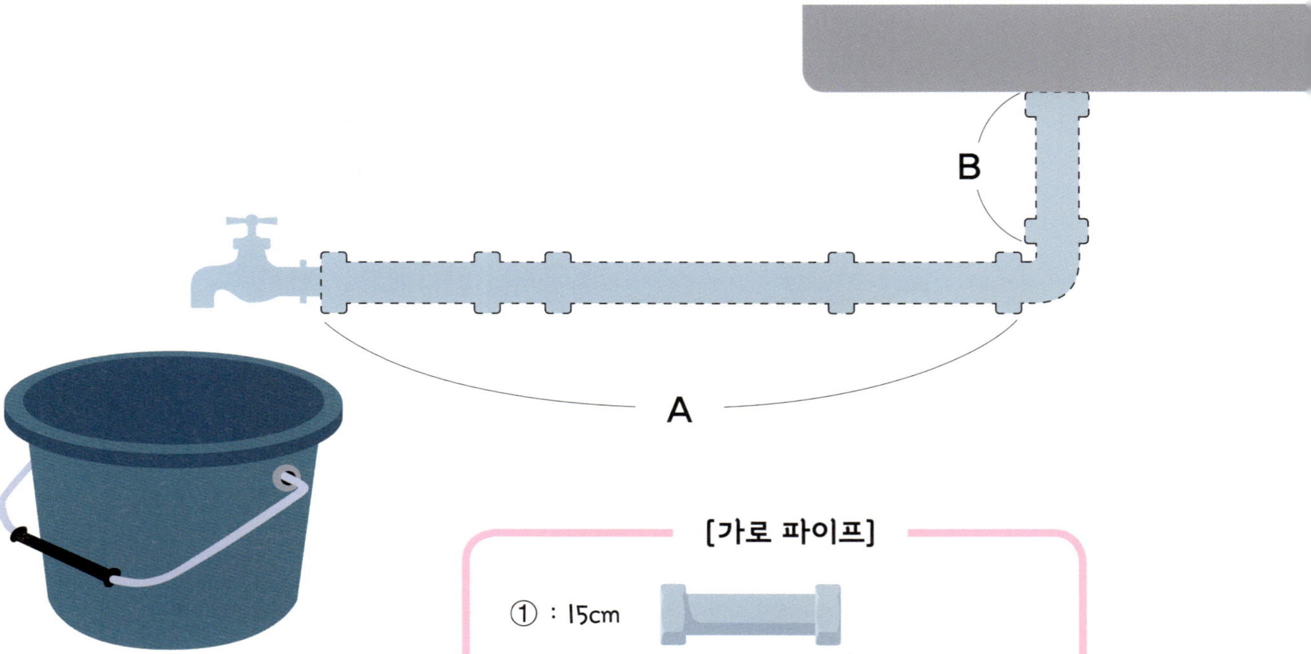

[가로 파이프]
- ① : 15cm 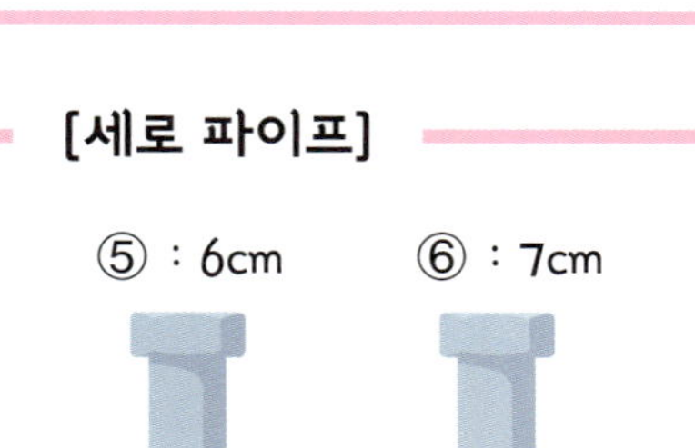
- ② : 20cm
- ③ : 30cm

[세로 파이프]
- ④ : 3cm
- ⑤ : 6cm
- ⑥ : 7cm

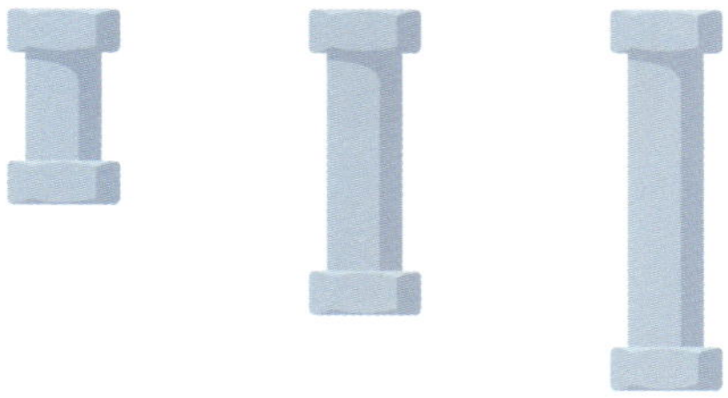

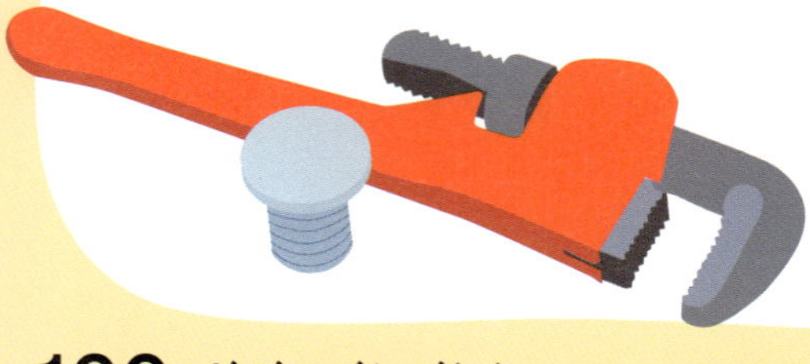

▶ 가로 파이프를 연결할 경우 ③번 파이프가 2개 있다면 나머지 가로 파이프를 어떻게 연결해야 할까요?

[   ]번 파이프 [   ]개

▶ 세로 파이프를 연결할 경우 ⑥번 파이프가 2개 있다면 나머지 세로 파이프를 어떻게 연결해야 할까요?

[   ]번 파이프 [   ]개 또는 [   ]번 파이프 [   ]개

▶ 가로 파이프에 70cm 파이프가 연결되어 있다면 나머지 가로 파이프를 어떻게 연결해야 할까요?

[   ]번 파이프 [   ]개 또는 [   ]번 파이프 [   ]개

▶ 세로 파이프에 10cm 파이프가 연결되어 있다면 나머지 세로 파이프를 어떻게 연결해야 할까요?

[   ]번 파이프 [   ]개 + [   ]번 파이프 [   ]개

디버깅 알아보기

Chapter 17

오늘의 놀이
* 디버깅의 정의를 알아봅니다.
* 블록 코딩의 오류를 찾아 수정하는 방법을 알아봅니다.

완성

핵심놀이 디버깅의 정의

디버깅이란 프로그램의 오류를 찾아 수정하는 과정을 의미합니다. 프로그램을 작성하다보면 실수 등으로 프로그램이 정상적으로 작동되지 않을 수 있는데, 이 때 이를 수정하는 작업을 디버깅이라고 합니다.

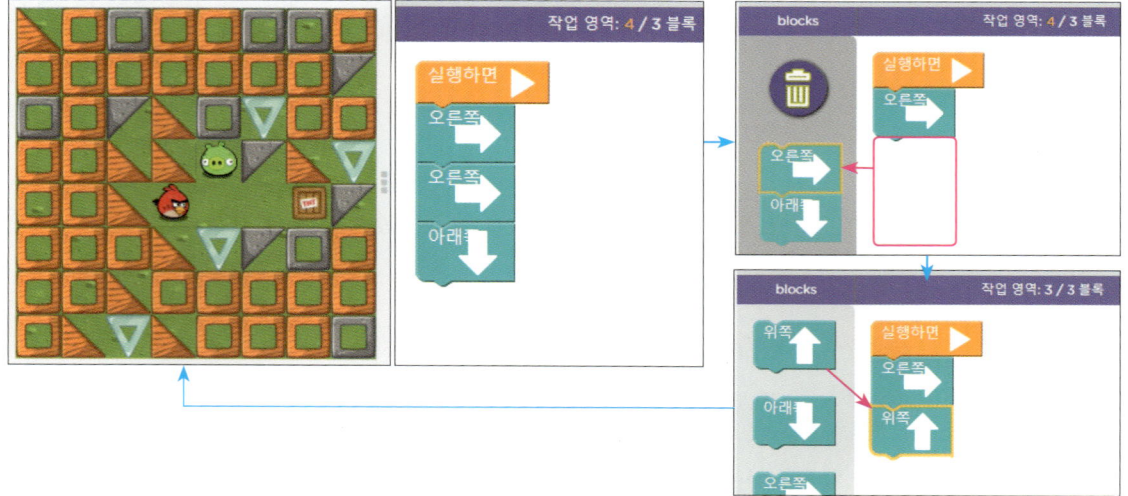

디버깅 연습하기

1 인터넷에서 **주소(http://code.org)를 입력**하여 **이동**한 후 **[학생들]을 클릭**합니다.

2 code.org 사이트의 학생들 화면으로 이동되면 **[과정1]을 클릭**합니다.

3 [과정1] 화면이 표시되면 **[미로: 디버깅]의 1단계를 클릭**합니다.

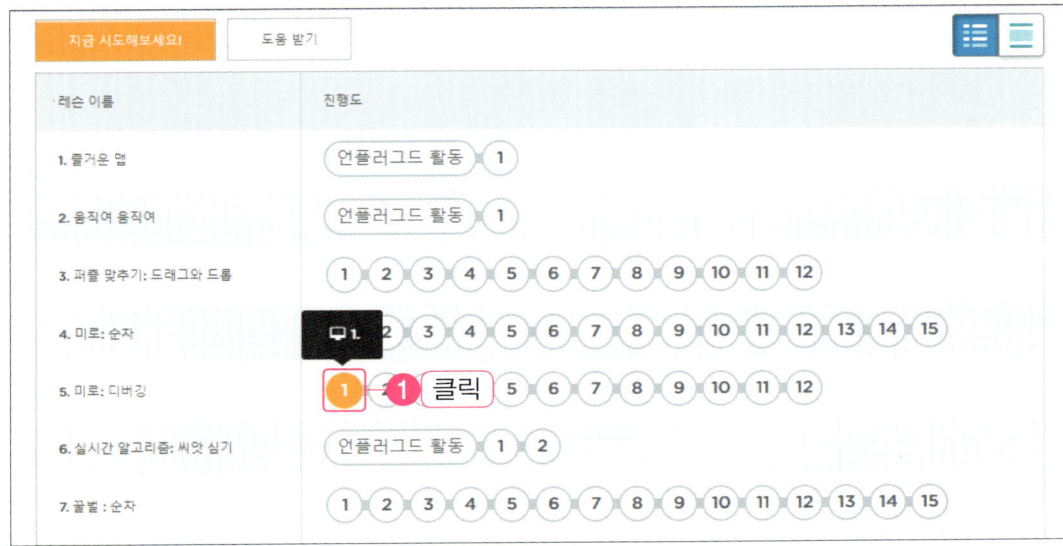

제17장 · 디버깅 알아보기 **103**

④ '코드를 수정해서 돼지를 잡을 수 있게 해주세요!' 메시지가 표시되면 [확인] 단추를 클릭한 후 **블록을 추가하여 프로그램을 수정**한 다음 [실행] 단추를 클릭합니다.

⑤ 돼지의 위치까지 이동되면 1번 퍼즐이 해결되었다는 메시지가 표시되며, [계속하기]를 클릭하면 다음 단계로 넘어갑니다. 같은 방법으로 디버깅을 연습합니다.

TIP

블록과 블록 사이에 끼워넣기 및 블록 삭제하기

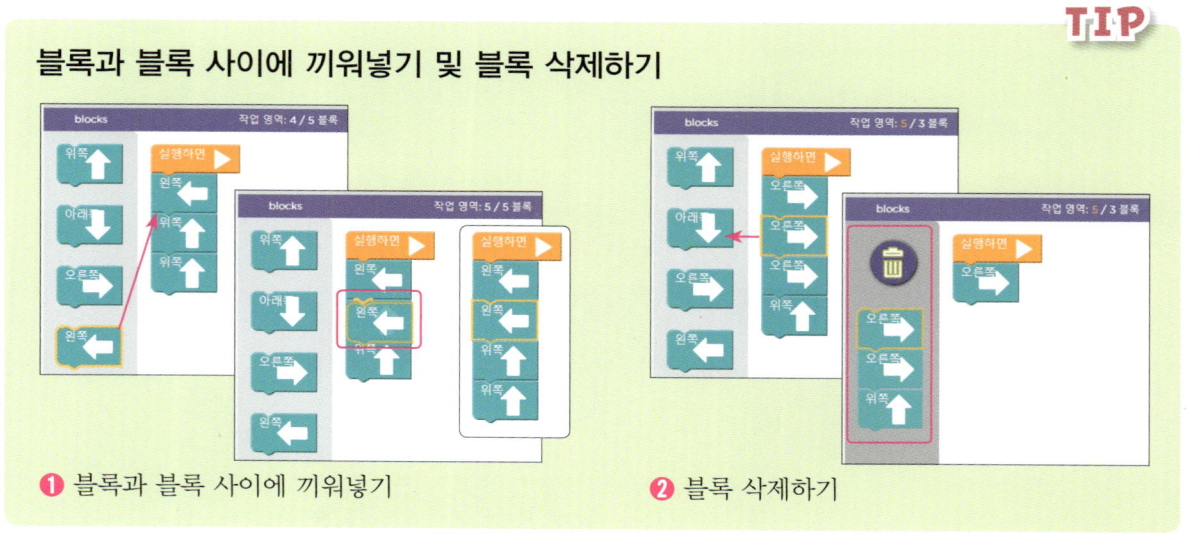

❶ 블록과 블록 사이에 끼워넣기   ❷ 블록 삭제하기

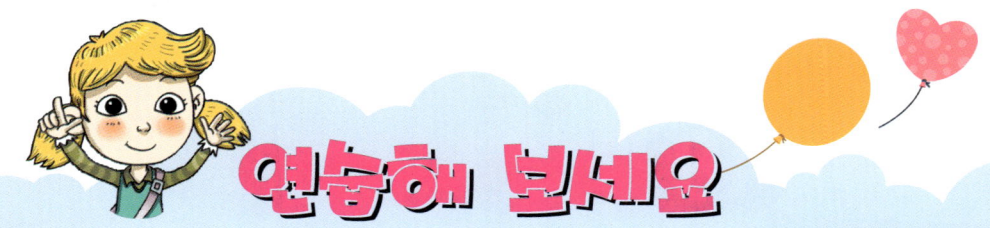

1 앵그리버드가 돼지를 찾아가는 프로그램 코딩으로 옳은 것은 무엇입니까?

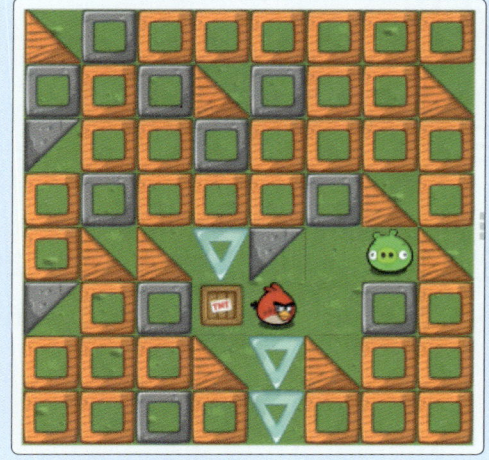

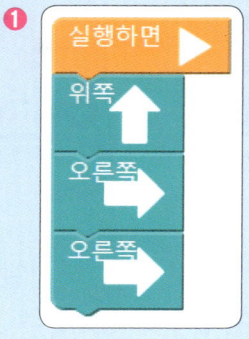
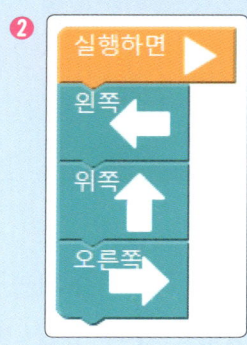
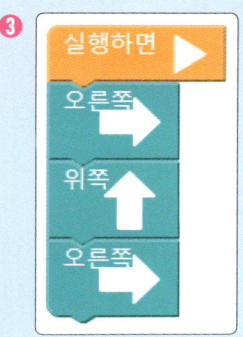

2 앵그리버드가 돼지를 찾아가는 프로그램 코딩으로 옳은 것은 무엇입니까?

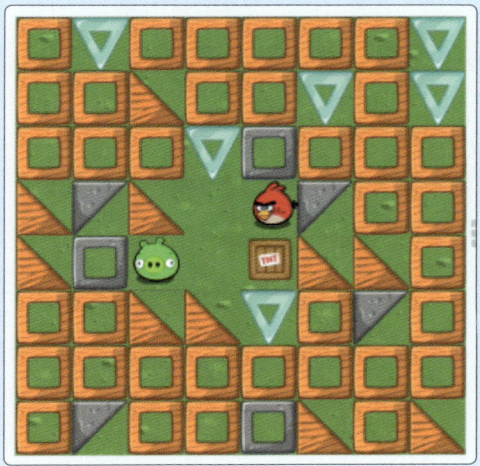

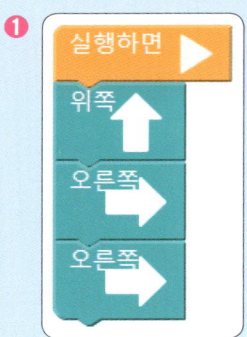

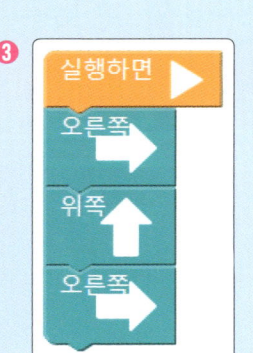

18

추상화

우리 학교 배치
벤다이어그램으로 그리기~*

🍬 우리 학교 1층에는 과학실, 교장실, 보건실이 있고 2층에는 1학년, 2학년, 3학년 교실과 컴퓨터실이 있습니다. 또 3층에는 4학년, 5학년 교실이 배치되어 있고 4층에는 6학년 교실과 영어 교실이 있습니다.

빈 칸에 들어갈 장소를 입력해 보세요.

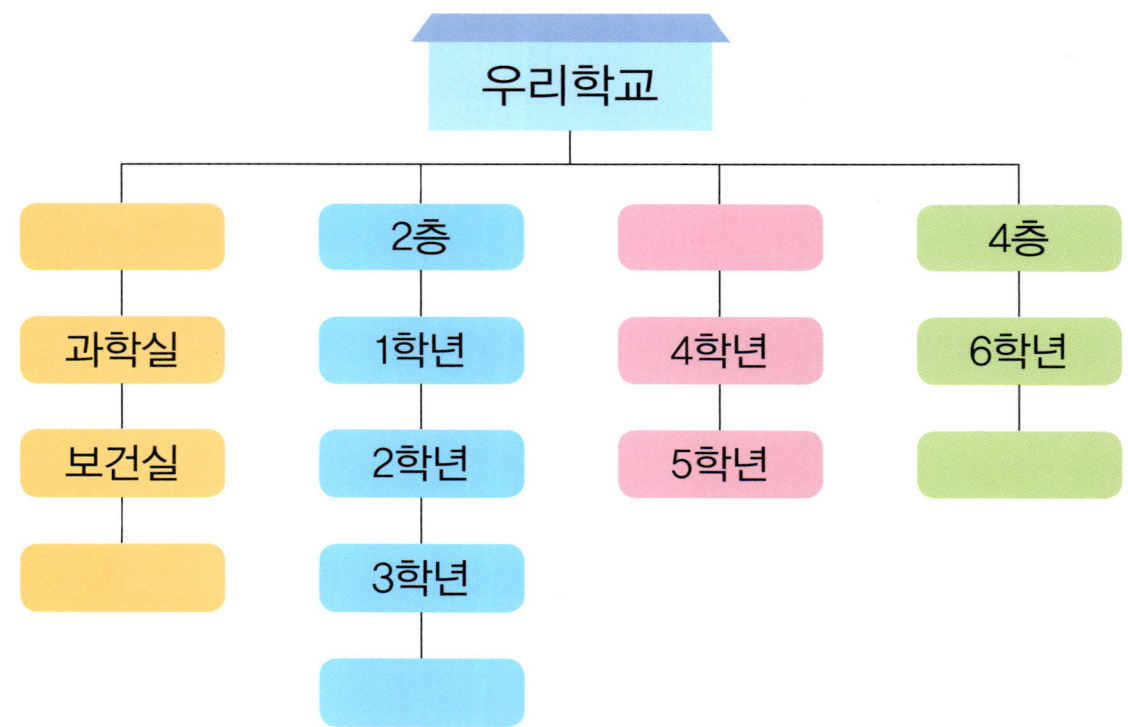

문제

▶ 2학년 교실에서 6학년 교실로 이동하려면 계단을 이용하여 몇 층을 이동해야 합니까?

▶ 영어교실에서 수업을 끝내고 보건실에 가려고 합니다. 몇 층을 내려가야 합니까?

▶ 교장실과 같은 층에 있는 장소 이름을 적어 보세요.

▶ 2학년 교실과 같은 층에 있는 장소 이름을 적어 보세요.

제18장 • 우리 학교 배치 벤다이어그램으로 그리기

반복 알고리즘 알아보기

Chapter 18

오늘의 놀이
- 반복 알고리즘에 대해 알아봅니다.
- 반복 알고리즘을 이용한 블록의 사용 방법을 알아봅니다.

완성

핵심놀이 반복하기 알고리즘

반복 알고리즘이란 순차 알고리즘에서 반복되는 과정이 포함된 알고리즘 구조를 말합니다. 똑같은 내용이 여러 번 반복될 때의 순차 과정을 효율적으로 변경하는 방법입니다. 예를 들어, 10개의 계단을 오를때 1칸씩 오르는 명령 블록을 10개 연결해서 사용하는 것보다 10번 반복하기 블록 안에 1칸씩 오르는 명령 블록을 사용하면 문제를 효율적으로 해결할 수 있습니다.

◀ 순차 알고리즘　　▲ 반복 알고리즘

반복하기 연습하기

1 인터넷에서 **주소(http://code.org)를 입력하여 이동**한 후 **[학생들]을 클릭**합니다.

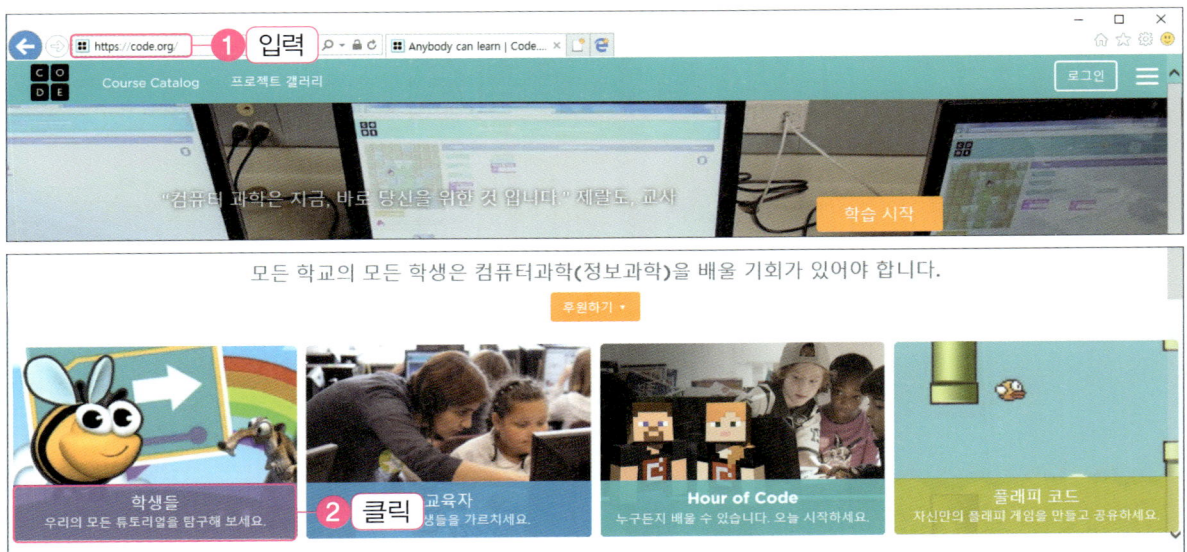

2 code.org 사이트의 학생들 화면으로 이동되면 **[과정1]을 클릭**합니다.

3 [과정1] 화면이 표시되면 **[미로: 반복]의 1단계를 클릭**합니다.

④ '저를 돼지에게 이동시켜 주세요.' 메시지가 표시되면 [확인] 단추를 클릭한 후 블록을 연결하여 프로그램을 수정한 다음 [실행] 단추를 클릭합니다.

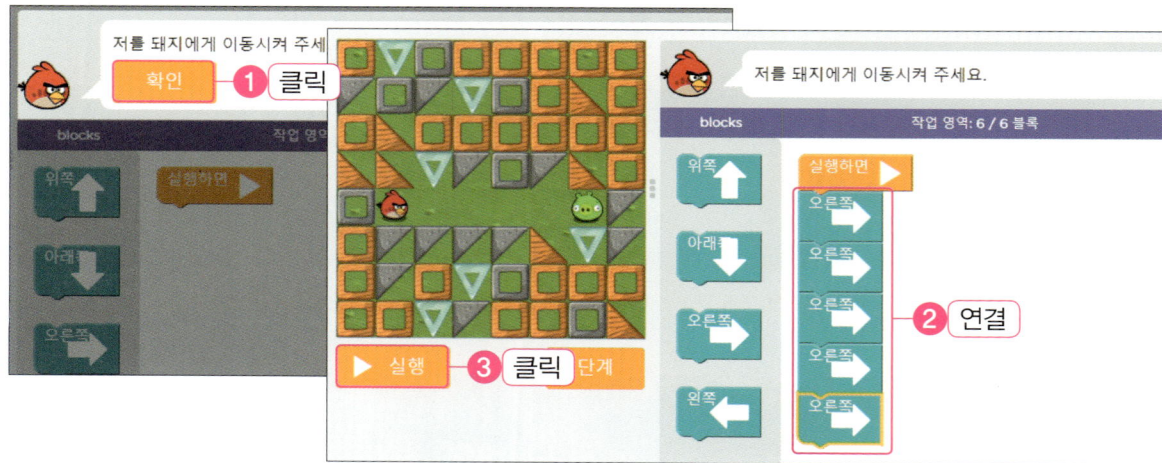

⑤ 돼지의 위치까지 이동되면 1번 퍼즐이 해결되었다는 메시지가 표시되며, [계속하기]를 클릭하여 다음 단계로 넘어갑니다.

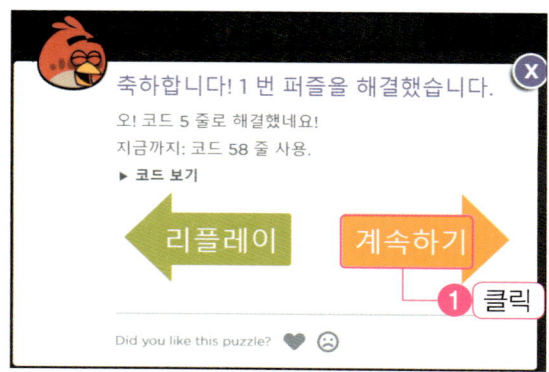

⑥ 반복(횟수) 블록을 사용하여 다음과 같이 블록을 연결한 후 [실행] 단추를 클릭합니다. [계속하기]를 클릭하면 다음 단계로 넘어갑니다. 같은 방법으로 반복을 연습합니다.

110 창의코딩놀이(1) · 엔트리

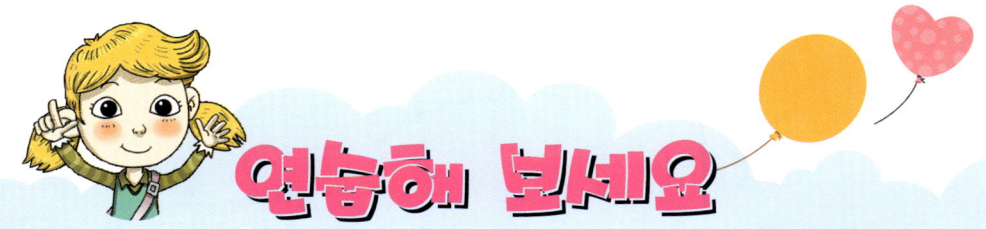

1 코드(code.org) 사이트의 [과정1]에서 [꿀벌: 반복]의 1~13 단계를 진행해 보세요.

2 코드(code.org) 사이트의 [과정1]에서 [화가: 반복]의 1~10 단계를 진행해 보세요.

제18장 · 반복 알고리즘 알아보기 **111**

19

패턴화

공통점과 차이점 구분하기~*

🍬 아래의 보기는 우리나라에서 볼 수 있는 꽃의 종류입니다.

① 민들레   ② 진달래   ③ 개나리   ④ 유채꽃

이렇게 하는 거예요!

▶ 보기의 그림에서 공통점은 무엇입니까?

> 봄에 피는 꽃

▶ 보기의 ②번 진달래와 나머지 그림의 차이점은 무엇입니까?

> 꽃의 색 (빨간색 꽃과 노란색 꽃)

🍬 아래의 보기는 맛있는 과일의 종류입니다.

   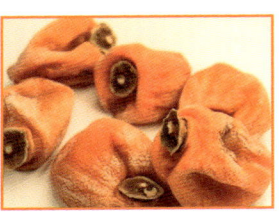

① 감귤　　　② 바나나　　　③ 사과　　　④ 곶감

▶ 보기의 그림에서 공통점은 무엇입니까?

▶ 보기의 ④번 곶감과 나머지 그림의 차이점은 무엇입니까?

코딩놀이

도사 전우치 만들기

Chapter 19

오늘의 놀이
❋ 반복하기 블록의 사용 방법에 대해 알아봅니다.
❋ 도장찍기 블록의 사용 방법을 알아봅니다.

완성

핵심놀이 — 핵심 블록 코드 설명하기

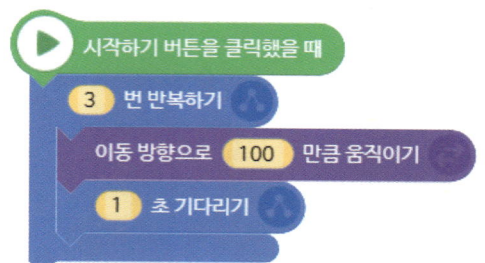

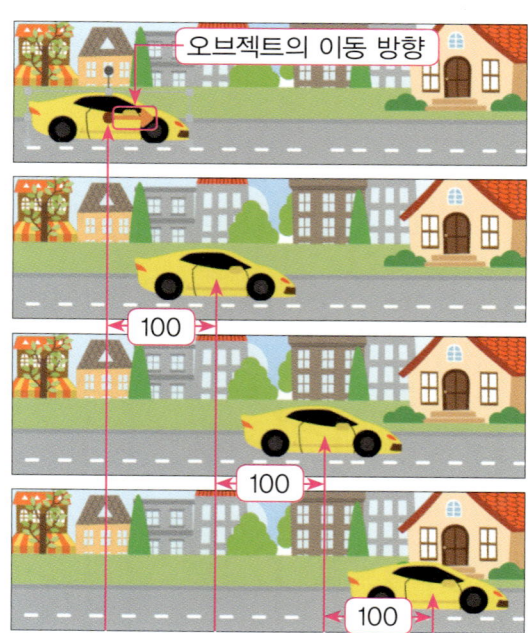

▶ [시작하기] 버튼을 클릭했을 때 자동차가 이동 방향으로 100만큼씩 움직이면서 1초 기다리기를 3번 반복해서 실행합니다.

'반복하기.ent' ▶

도사 전우치의 반복하여 이동하기

❶ 엔트리 계정에 로그인한 후 -[오프라인에서 작품 불러오기] 메뉴를 클릭한 다음 [Chapter19] 폴더의 '전우치.ent' 파일을 불러옵니다.

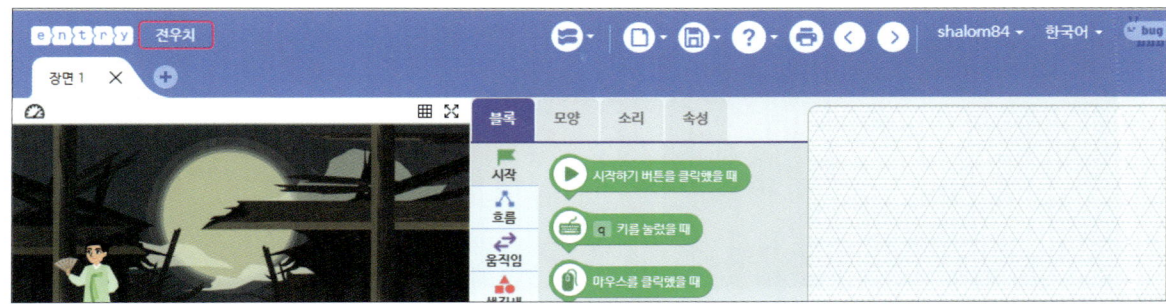

❷ **도사 오브젝트를 선택**한 후 [블록] 탭-[시작] 및 [흐름] 꾸러미 목록을 이용하여 다음과 같이 **블록 조립소에 블록을 연결**합니다.

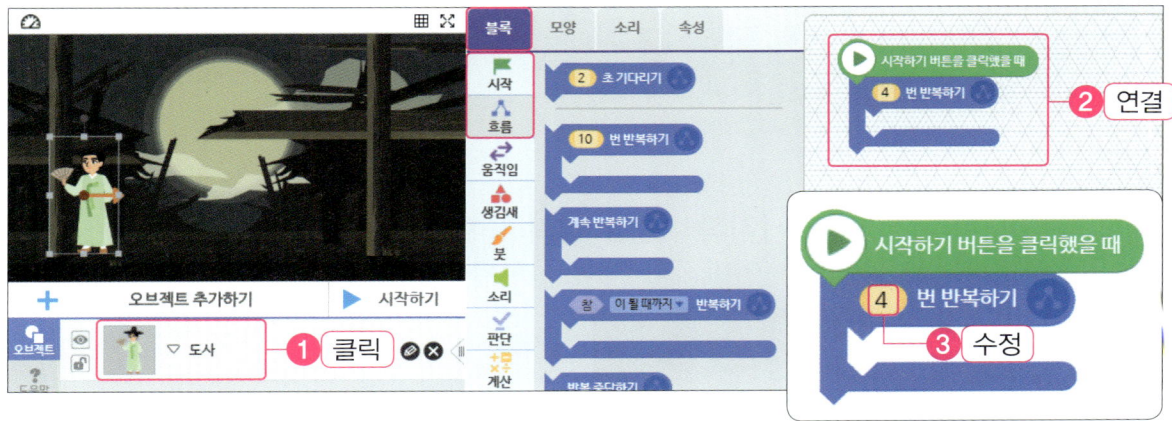

❸ [흐름] 및 [움직임] 꾸러미를 이용하여 블록과 이동 방향으로 10 만큼 움직이기 블록을 연결한 후 **입력값을 각각 '1'과 '70'으로 수정**합니다.

제19장 · 도사 전우치 만들기 **115**

반복하여 이동할 때 오브젝트 도장찍기

① [붓] 꾸러미의 `도장찍기` 블록을 드래그하여 블록 조립소의 `이동 방향으로 70 만큼 움직이기` 블록 아래에 연결합니다.

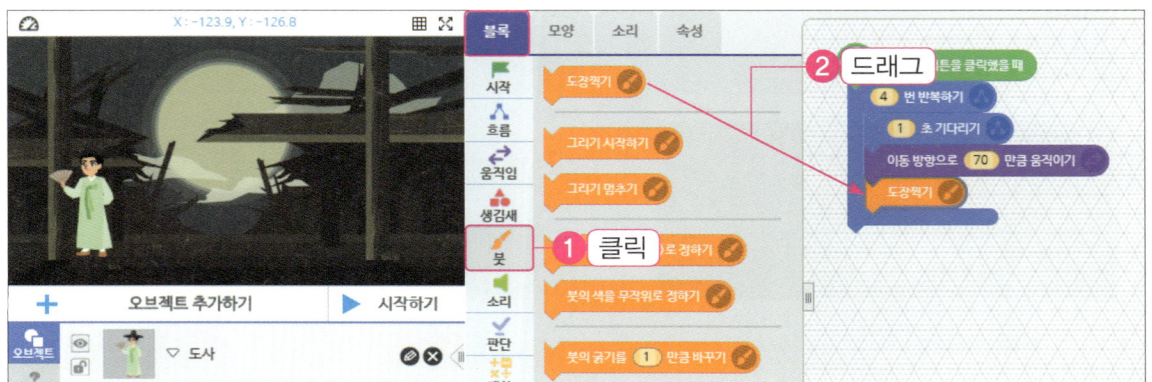

> **TIP**
> `도장찍기` 블록 사용하기
> [붓] 꾸러미의 `도장찍기` 블록은 오브젝트의 모양을 실행화면 위에 도장 찍듯이 그림 이미지로 찍어 표시하는 기능입니다.

② 블록 코딩이 완성되면 ▶[시작하기]를 클릭한 후 무대에서 도사 오브젝트가 이동 방향으로 70만큼씩 이동한 후 이미지로 찍혀 표시되는지 확인합니다.

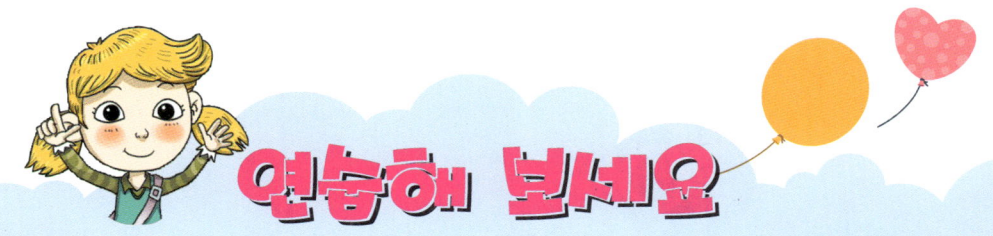

1 엔트리 프로그램에서 [Chapter19] 폴더의 '옷장.ent' 파일을 열고 결과화면과 같이 무대를 완성해 보세요.

2 앞에서 완성한 블록 조립소의 블록 코딩 중에서 `4 번 반복하기` 블록을 이용했는데 무대에 표시되는 옷장의 옷은 5개로 표시된 이유를 설명해 보세요.

제19장 · 도사 전우치 만들기 117

규칙 찾아내기~*

🍬 아래쪽 보기의 그림에서 규칙을 발견하고 빈 곳에 들어갈 숫자를 맞춰 보세요.

🍬 아래쪽 보기의 그림에서 규칙을 발견하고 빈 곳에 들어갈 숫자를 맞춰 보세요.

꽃잎으로 꽃 만들기

Chapter 20

오늘의 놀이
* 중심점의 위치 변경 방법에 대해 알아봅니다.
* 블록을 이용한 오브젝트의 회전 방법을 알아봅니다.

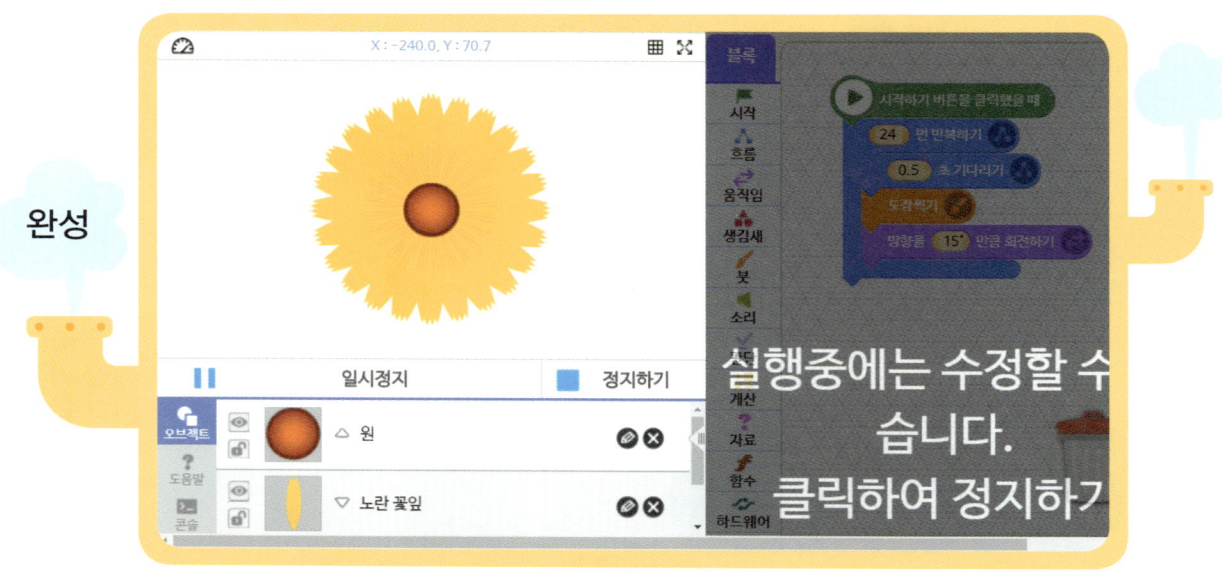

완성

핵심놀이 핵심 블록 코드 설명하기

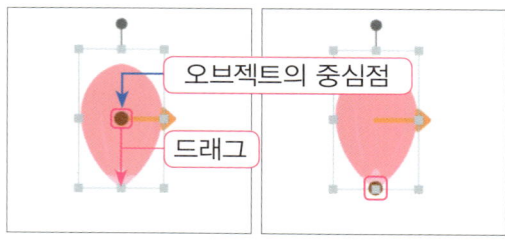

▲ 오브젝트 개체의 중심점 이동하기

▶ [시작하기] 버튼을 클릭했을 때 일정 시간을 기다린 후 꽃잎을 도장 찍듯이 그림 이미지로 찍어 표시하고 중심점을 기준으로 45도 방향으로 회전하기를 7번 반복합니다.

오브젝트의 중심점 변경하기

1 엔트리 계정에 로그인한 후 -[오프라인에서 작품 불러오기] 메뉴를 클릭한 다음 [Chapter20] 폴더의 '꽃만들기.ent' 파일을 불러옵니다.

2 노란 꽃잎 오브젝트를 선택한 후 꽃잎 가운데에 위치한 중심점()을 드래그하여 아래쪽에 위치한 원의 중심까지 이동합니다.

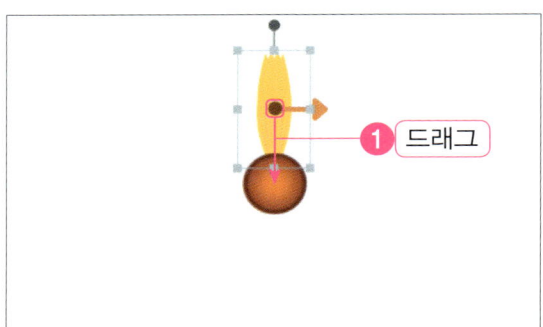
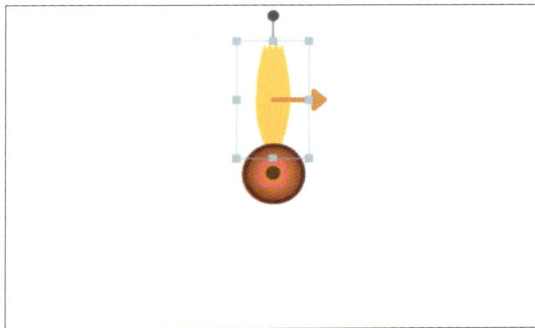

중심점 이해하기

중심점은 오브젝트가 회전할 때에 기준이 되는 중심축을 의미합니다.

▲ 중심점 – 가운데, 90도 회전   ▲ 중심점 – 아래, 90도 회전

3 [시작] 및 [흐름], [붓] 꾸러미 등을 이용하여 블록 조립소에서 다음과 같이 **블록 코드를 연결**합니다.

제20장 · 꽃잎으로 꽃 만들기 **121**

블록을 이용한 오브젝트 회전하기

1 [움직임] 꾸러미의 `방향을 90° 만큼 회전하기` 블록을 드래그하여 블록 조립소의 `도장찍기` 블록 아래에 연결한 후 **각도값을 클릭**, 각도가 표시되면 **원하는 각도(15°)를 선택**합니다.

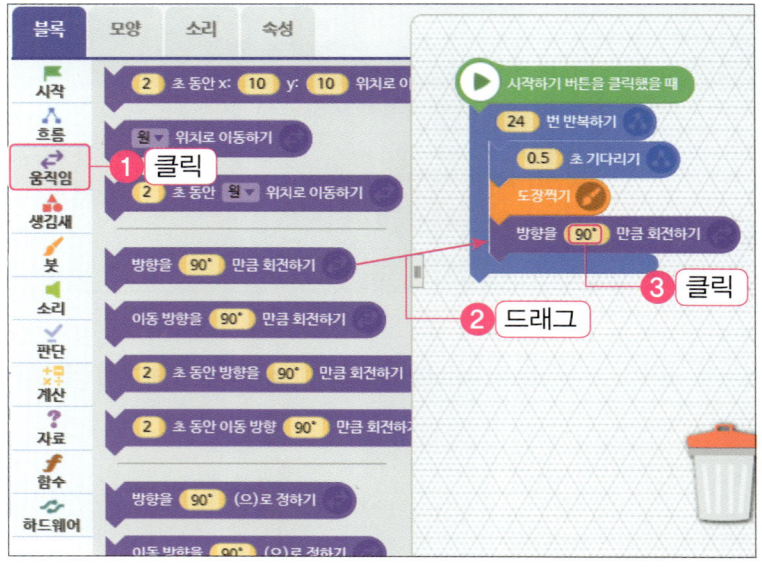

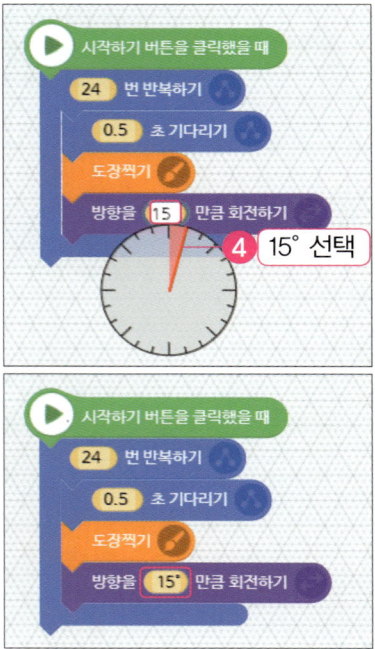

> **TIP**
> `방향을 90° 만큼 회전하기` 블록의 회전 각도 지정하기
>
> [움직임] 꾸러미의 `방향을 90° 만큼 회전하기` 블록에서 입력값을 클릭한 후 회전 각도 선택 모양에서 원하는 각도를 선택하거나 직접 입력해도 오브젝트의 회전 각도를 지정할 수 있습니다.

2 블록 코딩이 완성되면 ▶[시작하기]를 클릭한 후 무대에서 노란 꽃잎을 이용하여 꽃이 완성되는지 확인합니다.

1. 엔트리 프로그램에서 [Chapter20] 폴더의 '모양만들기1.ent' 파일을 열고 결과화면과 같이 무대를 완성해 보세요.

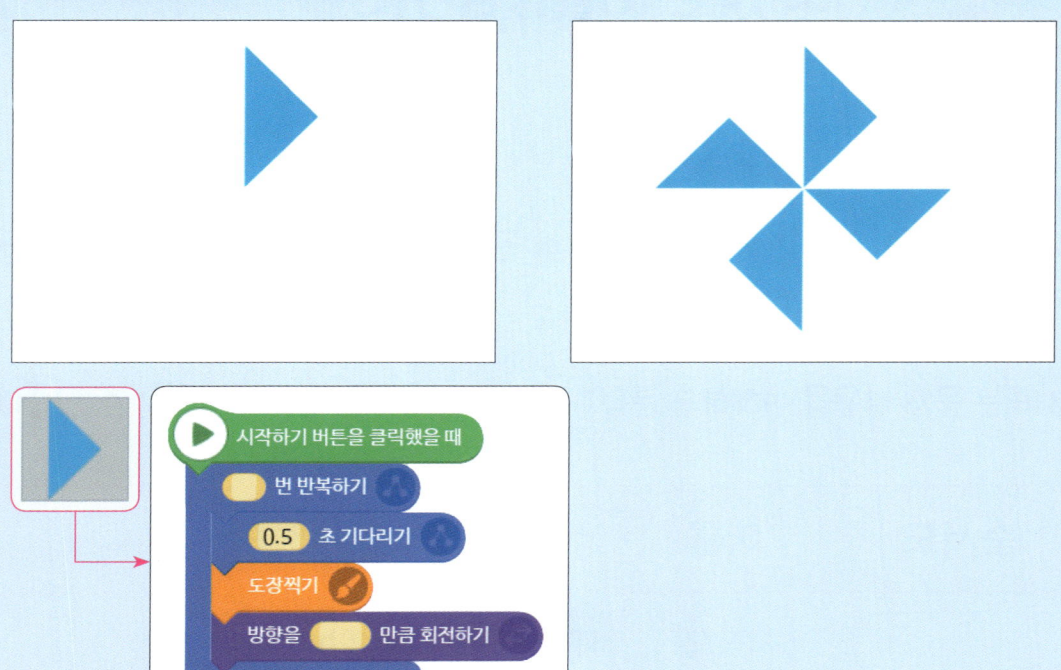

2. 엔트리 프로그램에서 [Chapter20] 폴더의 '모양만들기2.ent' 파일을 열고 결과화면과 같이 무대를 완성해 보세요.

제20장 · 꽃잎으로 꽃 만들기

21 순서도 알아보기~*

알고리즘

순서도란?

순서도란 작업의 처리 순서를 단계화하여 문제를 이해하기 쉽도록 약속된 도형을 이용하여 흐름을 기호화 하는 것입니다.

순서도는 문제 내용을 이해하고 분석과정을 통해 흐름을 알아야 작성할 수 있습니다.

순서도	이름	내용
	시작/끝	시작과 끝을 표시합니다.
	처리	처리 내용을 표시합니다.
	판단	조건을 비교한 후 조건에 따른 흐름을 나눕니다.
	입력	입력에 관련된 내용을 표시합니다.
	준비	준비에 관련된 내용을 표시합니다.
	출력(프린터)	출력과 관련된 내용을 표시합니다.
	반복	처리 내용에 관한 반복(횟수)을 표시합니다.

🍬 시온이가 집에서 일어나 학교에 가려고 합니다.
아래의 내용을 보고 문제의 빈 칸을 완성해 보세요.

학교가는 순서

-7시 30분 : 일어나기
-7시 40분 : 양치 및 세수하기
-8시 10분 : 아침밥 먹기
-8시 40분 : 책가방 및 준비물 챙기기
-8시 50분 : 학교로 등교하기

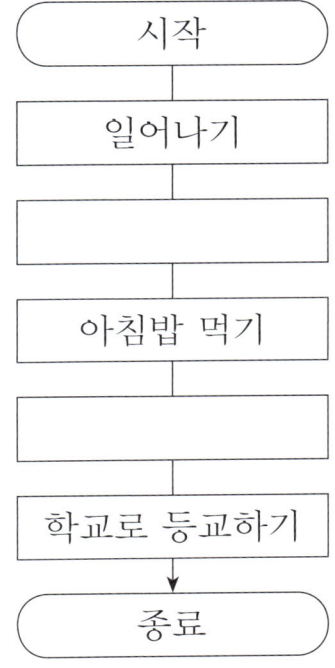

제21장 · 순서도 알아보기

Chapter 21
마우스를 따라다니는 박쥐 만들기

오늘의 놀이
- 계속 반복하기 블록의 사용 방법을 알아봅니다.
- 마우스 포인터 방향을 바라보는 오브젝트를 만들어봅니다.

완성

핵심놀이 핵심 블록 코드 설명하기

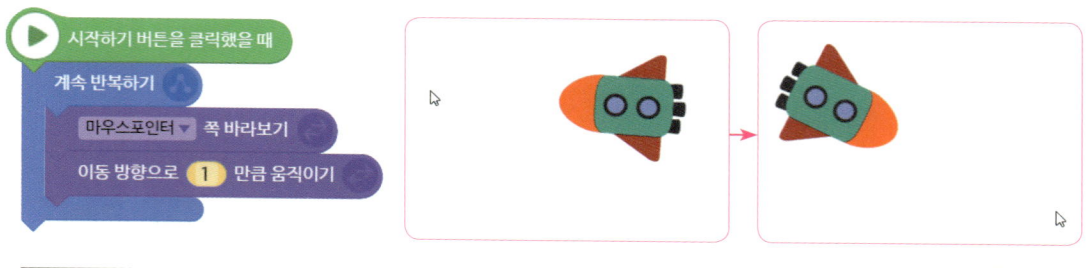

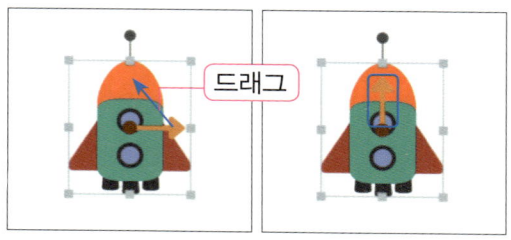

▲ 오브젝트 개체의 이동 방향 수정하기

▶ [시작하기] 버튼을 클릭했을 때 계속 반복해서 마우스 포인터쪽을 바라보며 이동 방향으로 1만큼씩 움직입니다.

오브젝트의 모양 변경하기

1 엔트리 계정에 로그인한 후 [Chapter21] 폴더의 '박쥐움직이기.ent' 파일을 열고 [블록] 탭-[시작] 꾸러미에서 시작하기 버튼을 클릭했을 때 블록을 블록 조립소로 이동합니다.

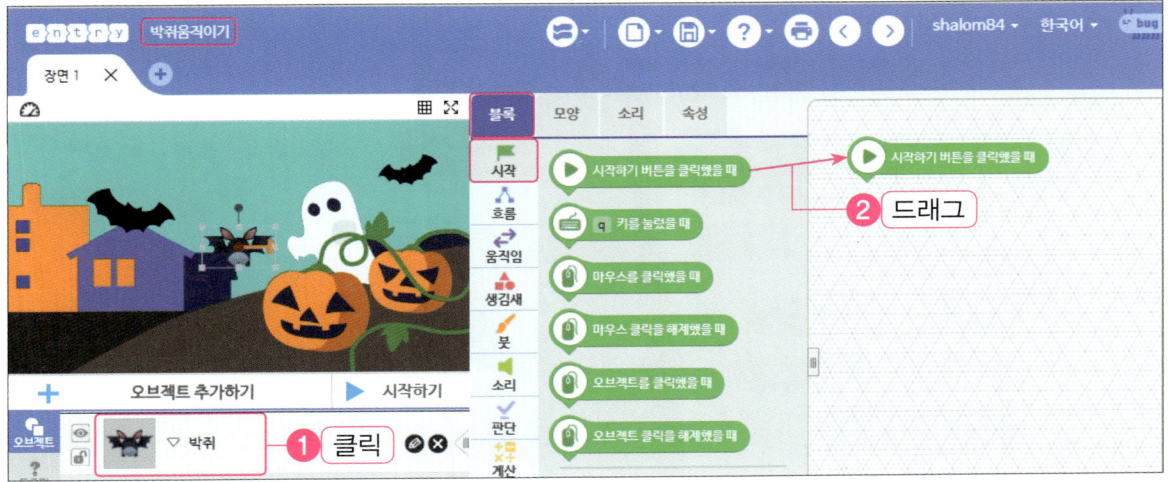

2 [흐름] 꾸러미의 계속 반복하기 블록을 드래그하여 시작하기 버튼을 클릭했을 때 블록 아래에 연결합니다.

3 [생김새] 및 [흐름] 꾸러미를 이용하여 블록 조립소에서 다음과 같이 **블록 코드를 연결**하고 **입력값(0.1)을 수정**합니다.

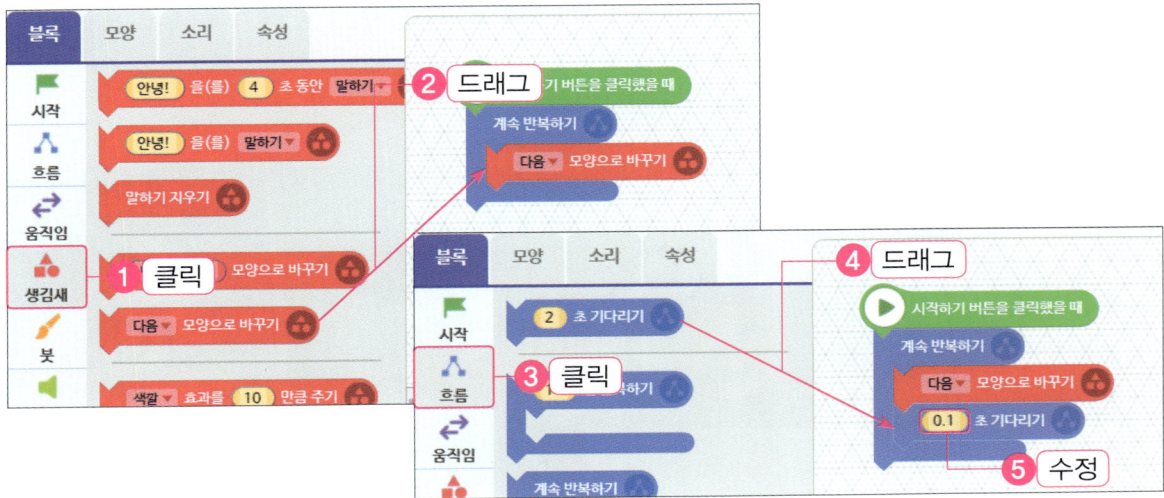

제21장 · 마우스를 따라다니는 박쥐 만들기 **127**

오브젝트의 마우스 따라다니기

① [움직임] 꾸러미의 `박쥐▼ 쪽 바라보기` 블록을 드래그하여 블록 조립소의 `0.1 초 기다리기` 블록 아래에 연결한 후 목록 단추(▼)를 눌러 `마우스포인터▼ 쪽 바라보기` 블록으로 수정합니다.

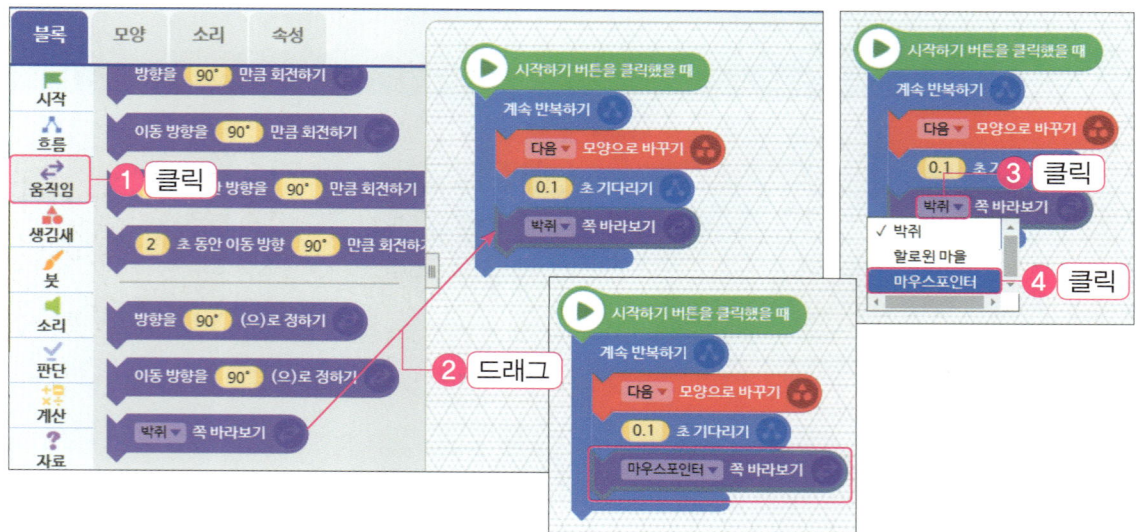

② [움직임] 꾸러미의 `이동 방향으로 10 만큼 움직이기` 블록을 블록 조립소의 `마우스포인터▼ 쪽 바라보기` 블록 아래에 연결한 후 입력값(5)을 수정합니다.

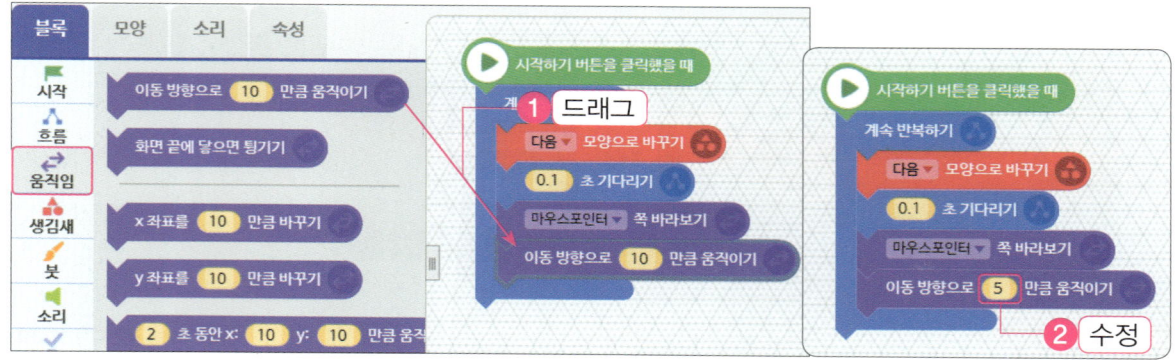

③ 블록 코딩이 완성되면 ▶[시작하기]를 클릭한 후 무대에서 박쥐가 마우스포인터를 따라다니는지 확인합니다.

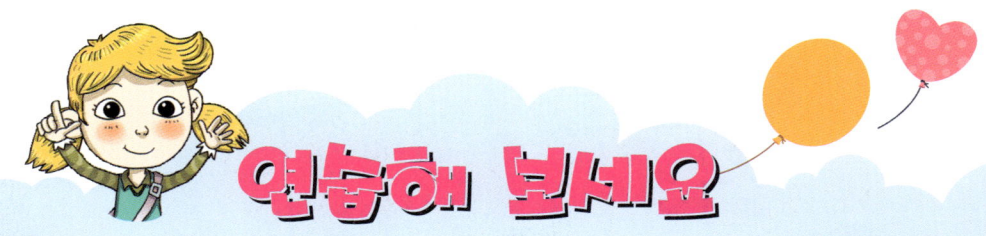

1. 엔트리 프로그램에서 [Chapter21] 폴더의 '움직이는자동차.ent' 파일을 열고 결과화면과 같이 마우스 포인터를 따라다니는 자동차를 만들어 보세요.

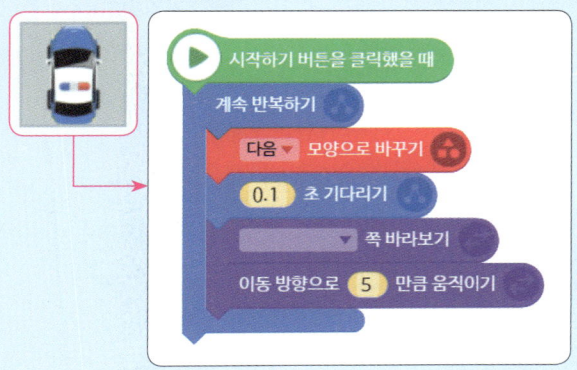

2. 엔트리 프로그램에서 [Chapter21] 폴더의 '움직이는지구.ent' 파일을 열고 결과화면과 같이 마우스 포인터를 따라다니는 지구를 완성해 보세요.

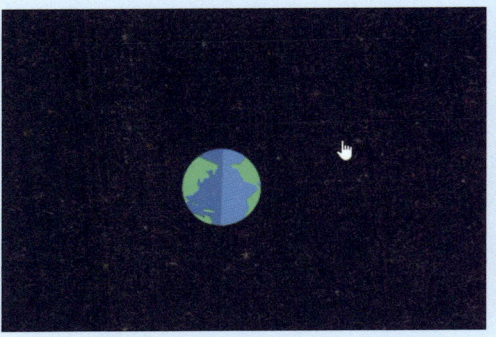

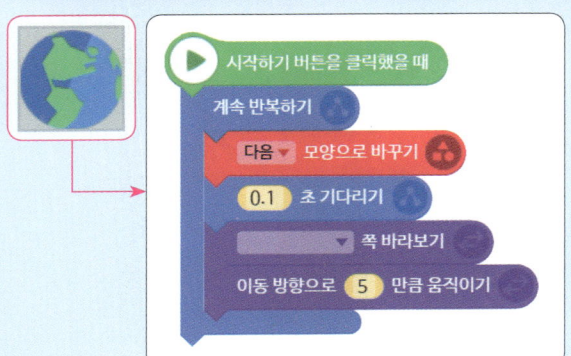

제21장 · 마우스를 따라다니는 박쥐 만들기 **129**

22

알고리즘

순차 알고리즘 알아보기~*

🍬 순차 알고리즘이란 작업의 절차(순서)대로 실행하는 것을 의미합니다.

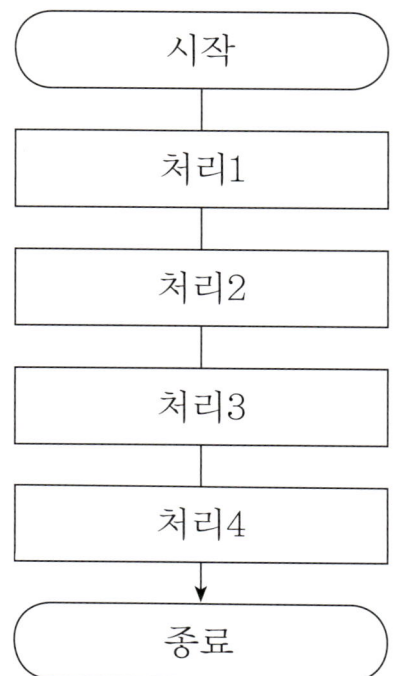

적힌 순서대로 실행합니다.

와아~ 빵이다!!~

🍬 시온이가 우유를 마시려고 합니다.
아래의 명령어 종류를 이용하여 우유를 마시는 순서를 순서도로 완성해 보세요.

우유를 마시는 명령어

- 컵에 우유를 따른다.
- 우유를 꺼낸다.
- 냉장고 문을 연다.
- 우유를 마신다.

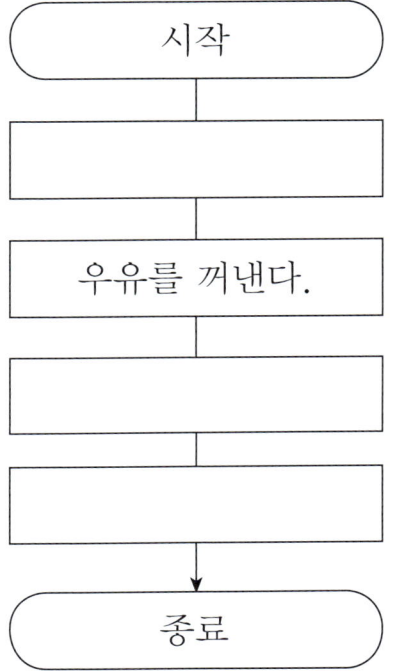

제22장 · 순차 알고리즘 알아보기

Chapter 22 이벤트 알아보기

오늘의 놀이
- 이벤트 기능에 대해 알아봅니다.
- 이벤트 기능의 블록 사용 방법을 알아봅니다.

완성

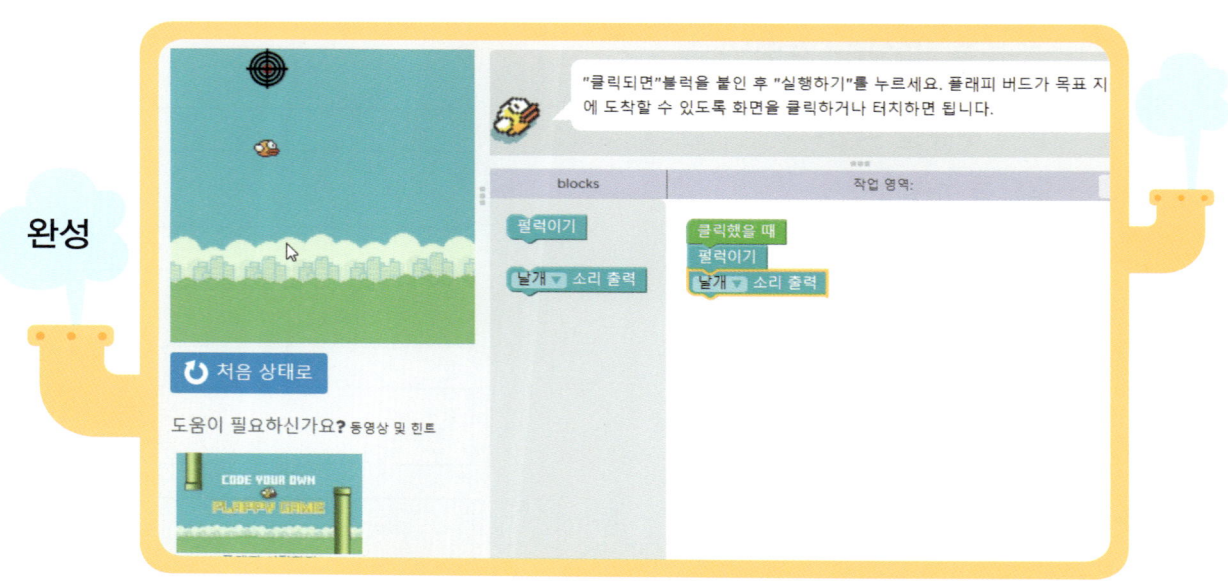

핵심놀이 이벤트 기능 알아보기

이벤트란? 프로그램에서 사용자에 의한 반응 등을 오브젝트 등에 전달하는데 필요한 기능으로 비디오 게임에서 게임 프로그램의 진행을 위해 조이스틱이나 마우스, 키보드 등으로 제어하듯이 항상 사용자가 프로그램에서 오브젝트의 특별한 반응을 필요로 할 때 이를 실행할 수 있도록 도와주는 블록 기능입니다.

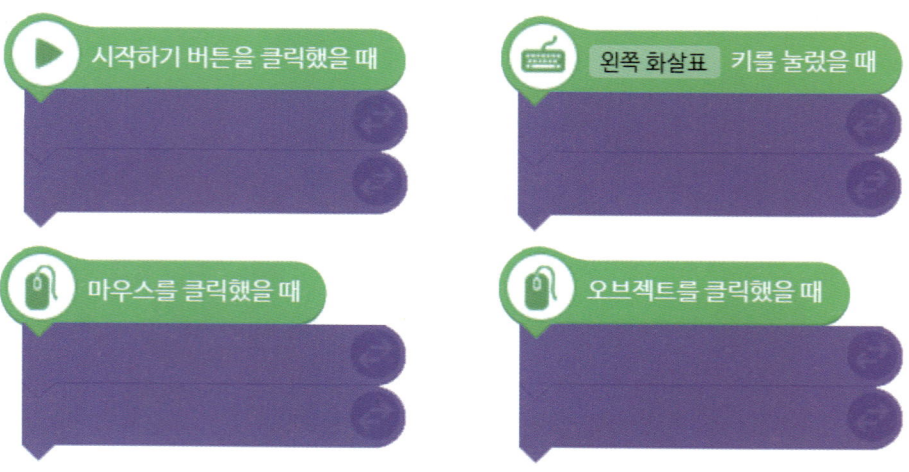

이벤트 기능을 이용한 플래피 움직이기

 인터넷에서 **주소(http://code.org)를 입력**하여 이동한 후 **[학생들]을 클릭**합니다.

 code.org 사이트의 학생들 화면으로 이동되면 **[과정2]를 클릭**합니다.

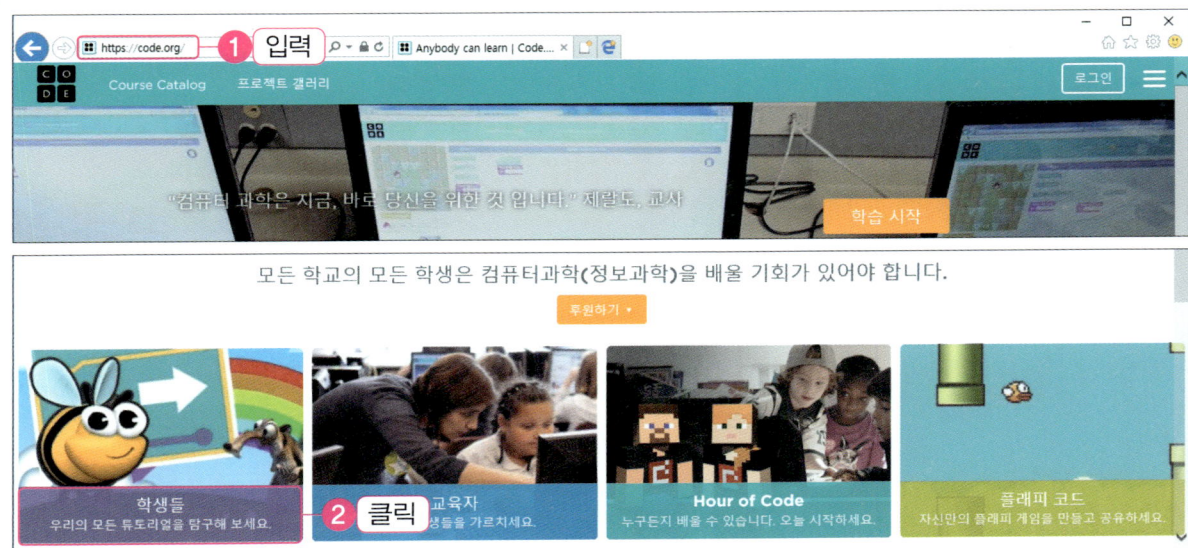

[과정2] 화면이 표시되면 **[플래피]의 1단계를 클릭**합니다.

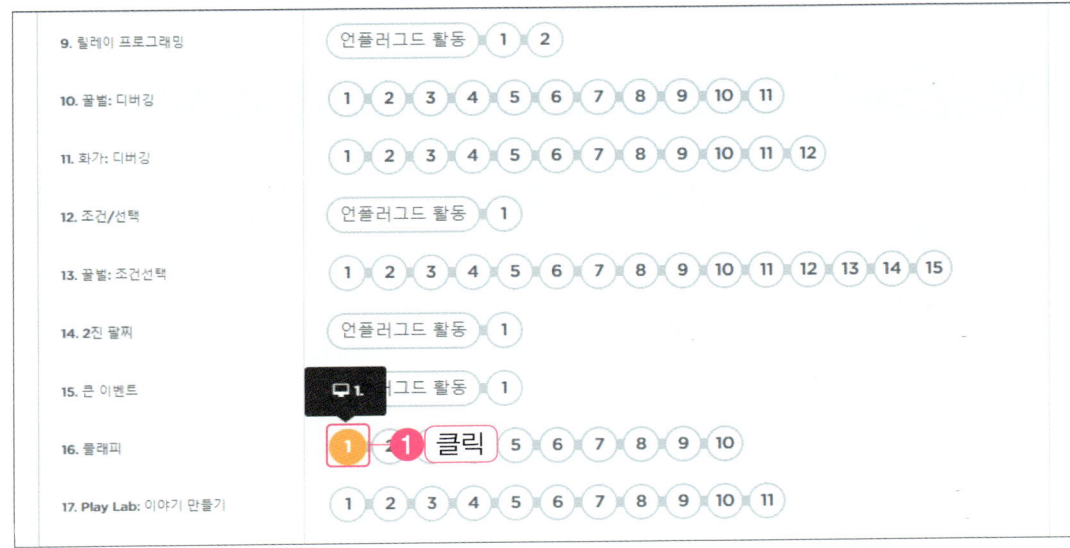

제22장 · 이벤트 알아보기 **133**

④ '클릭되면 블럭을 붙인 후 실행하기를 누르세요.' 메시지가 표시되면 [확인] 단추를 클릭한 후 **블록을 연결하여 프로그램을 수정**한 다음 [실행] 단추를 클릭합니다.

⑤ 무대에서 마우스를 클릭하면서 플래피를 펄럭이며 목표 위치까지 이동되면 1번 퍼즐이 해결되었다는 메시지가 표시됩니다. **[계속하기]를 클릭**하여 다음 단계로 넘어갑니다.

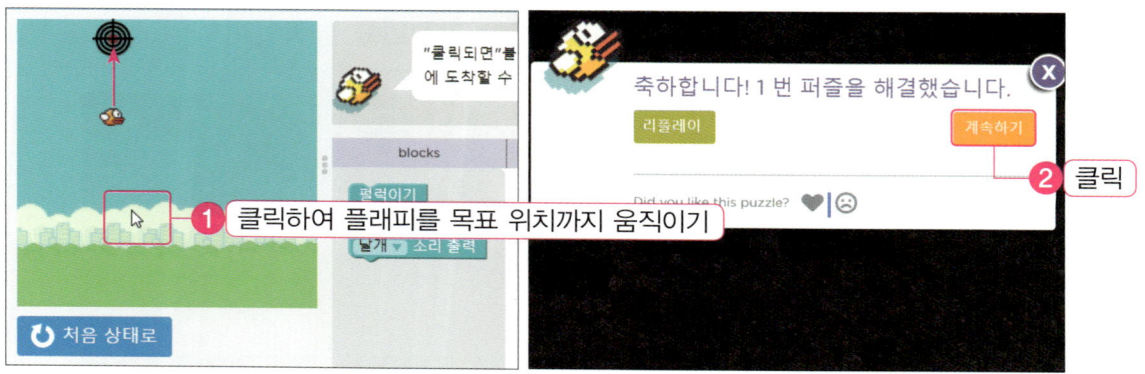

⑥ 같은 방법으로 이벤트 기능의 연습을 실행합니다.

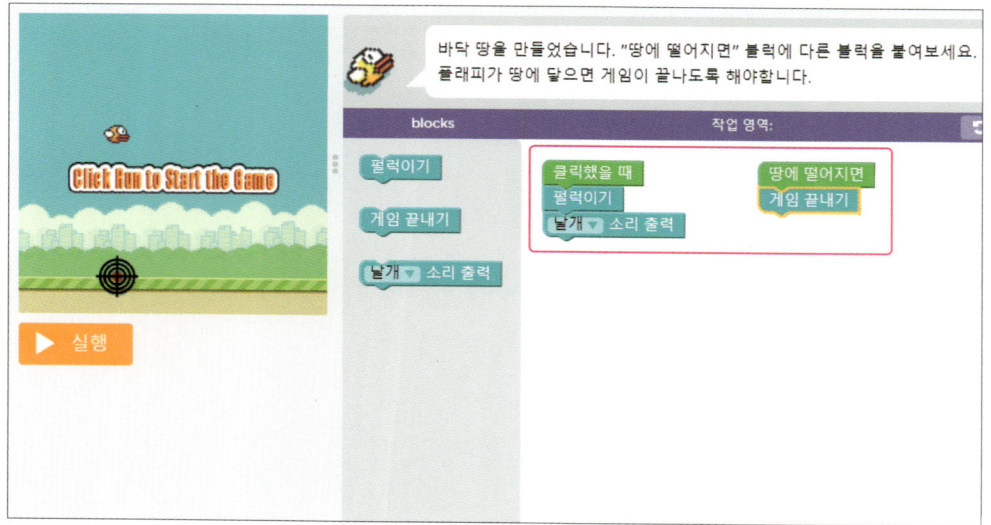

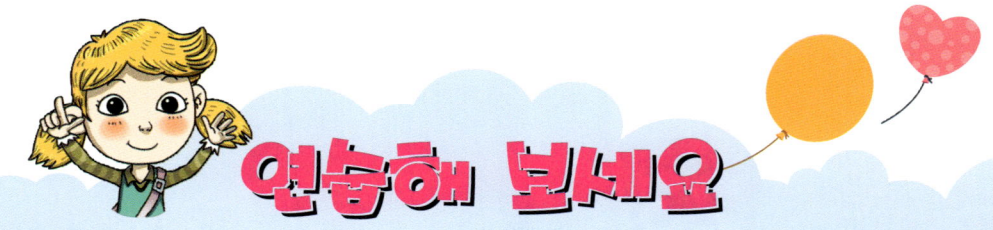

1. 플래피의 프로그램 중 다음의 조건에 맞는 블록을 블록 묶음에서 찾아보세요.
   - 플래피가 땅에 떨어지거나 물체에 부딪치면 게임을 종료하기

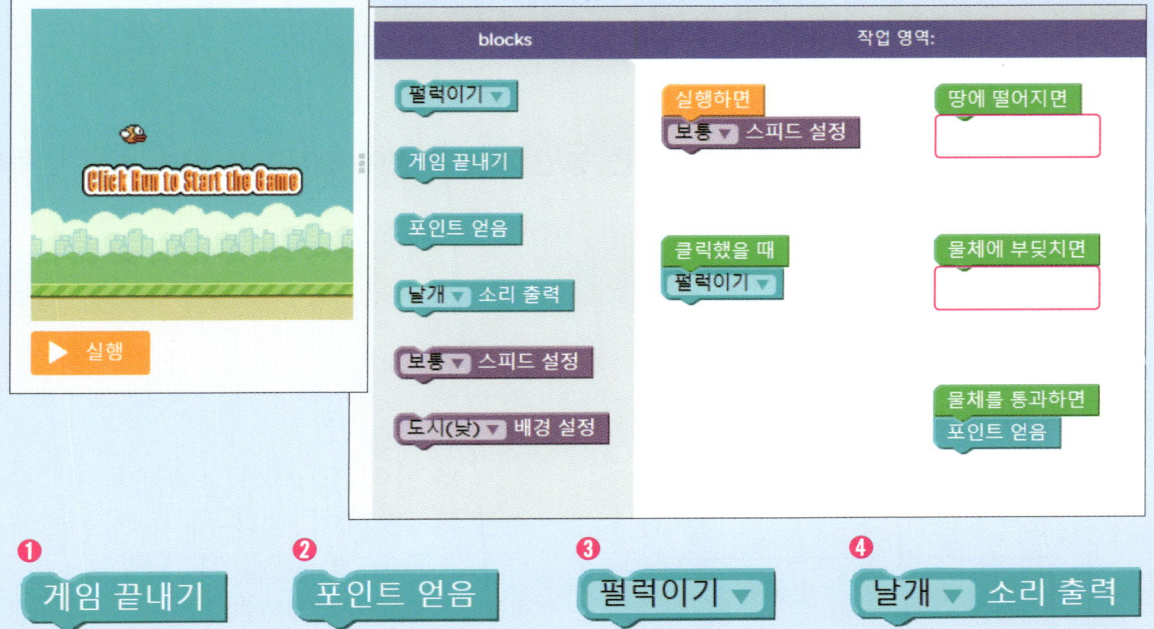

2. 플래피의 프로그램 중 다음의 조건에 맞는 블록을 블록 묶음에서 찾아보세요.
   - 마우스를 클릭했을 때 플래피가 펄럭이면서 날개 소리를 출력하기

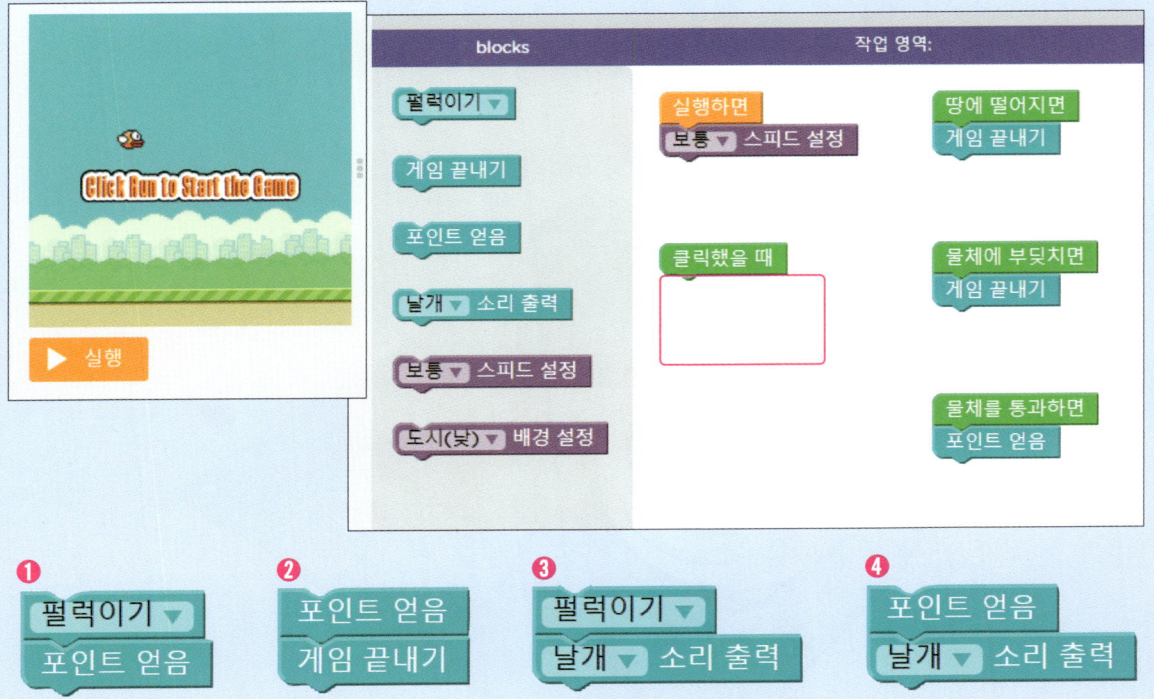

23 반복 알고리즘 알아보기~*

알고리즘

• 반복 알고리즘이란 조건이 일치하는 동안 또는 조건이 일치하지 않는 동안 반복해서 실행하는 것입니다.

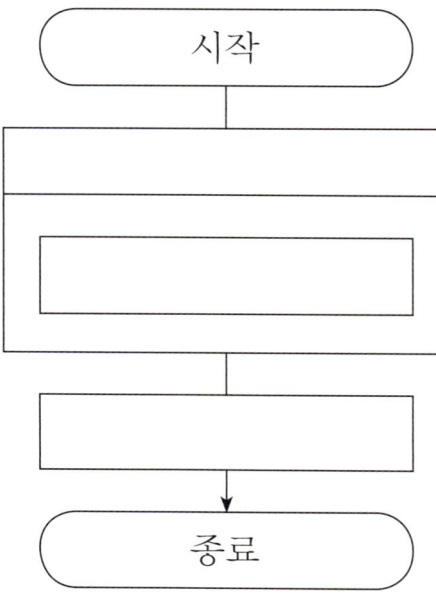

> 조건이 일치하는 동안, 또는 조건이 일치하지 않는 동안 일정한 처리를 반복합니다.

문제

🍬 시온이는 치킨 5조각과 콜라를 먹으려고 합니다.
아래의 내용을 보고 치킨과 콜라 마시는 순서를 순서도로 완성해 보세요.

치킨과 콜라 마시는 순서

- 5회 반복
- 치킨 1조각 먹기
- 콜라 마시기

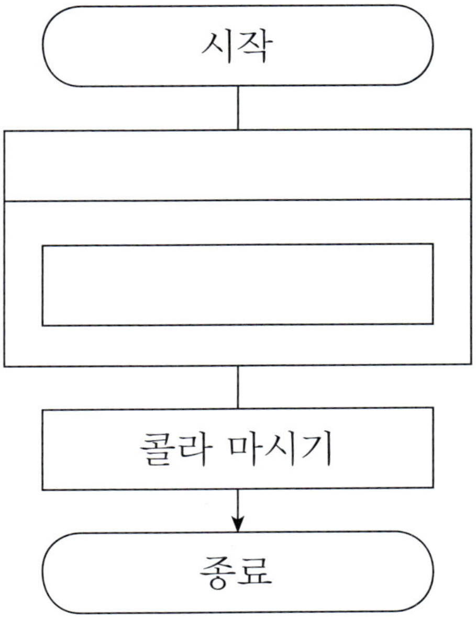

```
    ┌──────────┐
    │   시작    │
    └────┬─────┘
    ┌────┴─────┐
    │          │
    │  ┌────┐  │
    │  │    │  │
    │  └────┘  │
    │          │
    └────┬─────┘
    ┌────┴─────┐
    │ 콜라 마시기 │
    └────┬─────┘
    ┌────┴─────┐
    │   종료    │
    └──────────┘
```

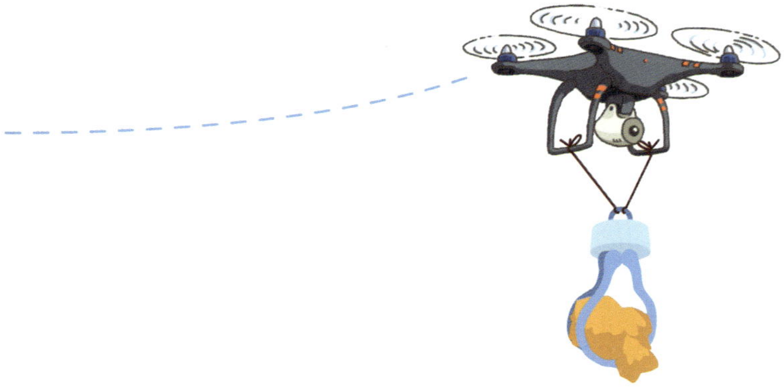

제23장 • 반복 알고리즘 알아보기

Chapter 23 : 키보드를 이용한 동작 만들기

오늘의 놀이
* 키보드의 키를 이용한 블록 사용 방법을 알아봅니다.
* 키보드의 방향키로 오브젝트의 움직임을 만들어봅니다.

완성

핵심놀이 — 핵심 블록 코드 설명하기

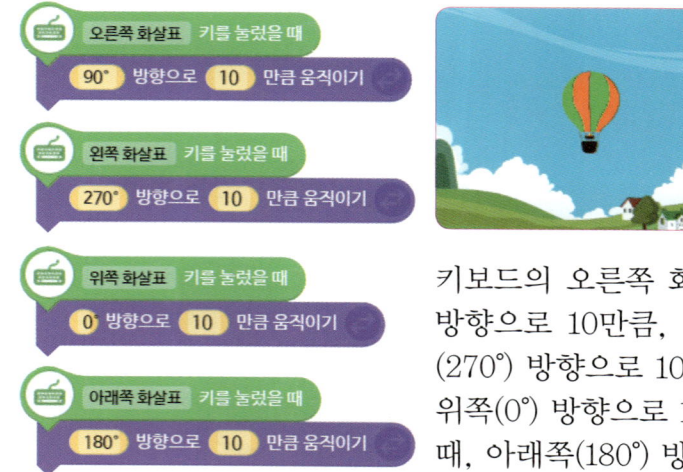

키보드의 오른쪽 화살표를 눌렀을 때, 오른쪽(90°) 방향으로 10만큼, 왼쪽 화살표를 눌렀을 때, 왼쪽(270°) 방향으로 10만큼, 위쪽 화살표를 눌렀을 때, 위쪽(0°) 방향으로 10만큼, 아래쪽 화살표를 눌렀을 때, 아래쪽(180°) 방향으로 10만큼 이동합니다.

반복해서 소피의 모양 변경하기

1 엔트리 계정에 로그인한 후 [Chapter23] 폴더의 '소피움직이기.ent' 파일을 열고 [모양] 탭의 모양 목록에 소피 모양들이 표시되는지 확인합니다.

2 [블록] 탭의 [시작] 및 [흐름], [생김새] 꾸러미 등을 이용하여 블록 조립소에 다음과 같이 **블록을 연결**합니다.

> **TIP**
>
> **[다음 모양으로 바꾸기] 블록과 [0.1 초 기다리기] 블록의 원리 설명하기**
>
> ▶ [시작하기] 버튼을 클릭했을 때 계속 반복하여 [모양] 탭에 표시된 모양 목록의 모양을 순서대로 다음 모양으로 바꿉니다. 이 때, 모양 변경이 빨라 화면에 보이지 않게 되는 문제를 해결하기 위해 [0.1 초 기다리기] 블록을 연결하여 모양 변경을 확인할 수 있도록 코딩한 내용입니다.

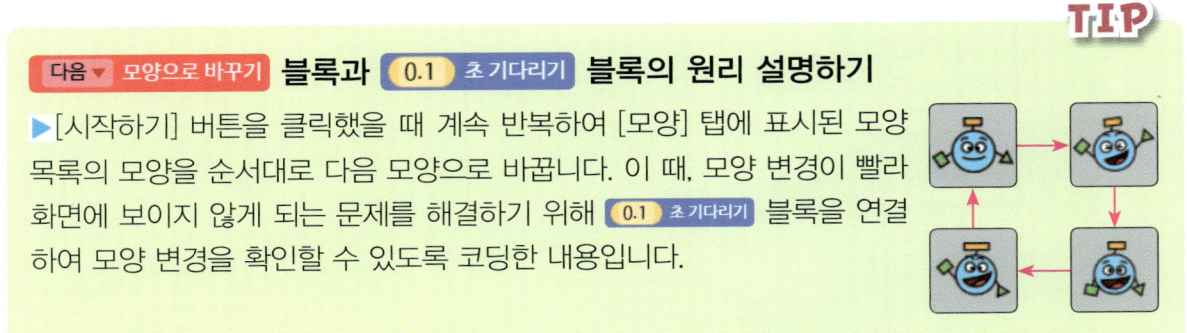

제23장 • 키보드를 이용한 동작 만들기 **139**

블록을 이용한 오브젝트 이동하기

① [시작] 꾸러미의 `q 키를 눌렀을 때` 블록을 드래그하여 블록 조립소에 연결한 후 블록 안의 `q`를 클릭한 다음 키보드의 왼쪽 방향키(←)를 눌러 블록의 키보드 키를 수정합니다.

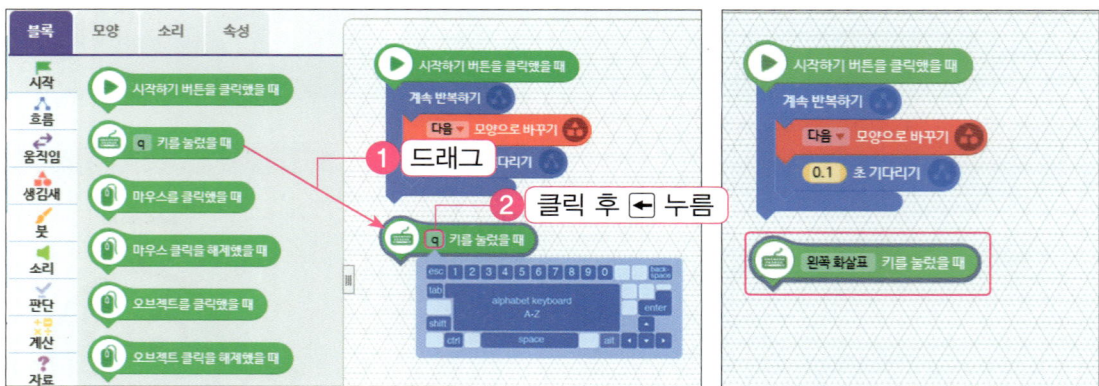

② [움직임] 꾸러미의 `90° 방향으로 10 만큼 움직이기` 블록을 블록 조립소의 `왼쪽 화살표 키를 눌렀을 때` 블록 아래에 연결한 후 첫 번째 방향값을 클릭한 다음 원하는 방향(270°)을 선택합니다.

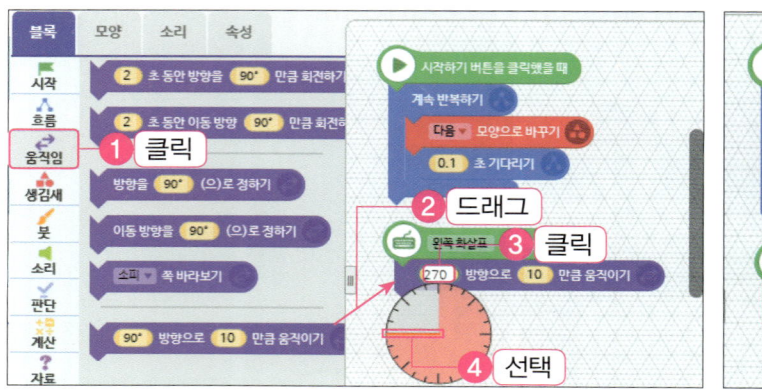
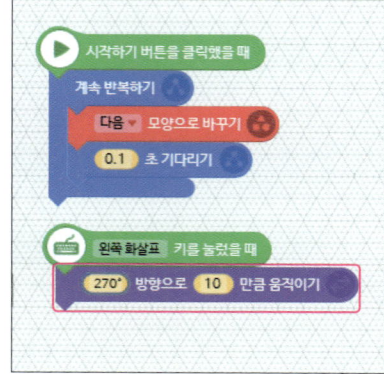

③ 같은 방법으로 다음과 같이 블록 코딩을 완성한 후 ▶[시작하기]를 클릭한 다음 키보드의 방향키를 눌러 해당 방향으로 이동하는지 확인합니다.

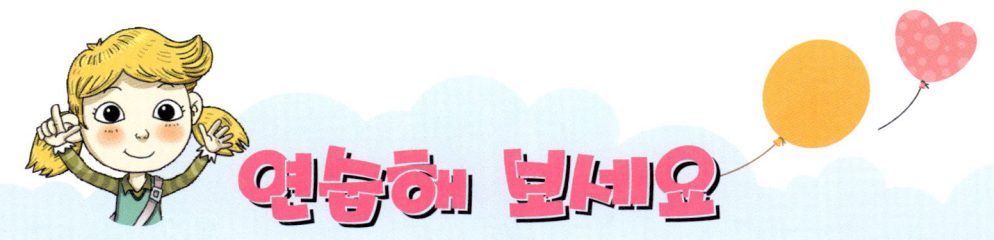

1 엔트리 프로그램에서 [Chapter23] 폴더의 '드론날리기.ent' 파일을 열고 결과화면과 같이 무대를 완성해 보세요.
- [시작하기] 버튼이 클릭될 때 드론 모양이 계속 반복하여 바꾸기
- 키보드의 방향키(왼쪽 / 오른쪽 / 위쪽 / 아래쪽 방향)에 따라 해당 방향으로 10만큼씩 움직이기

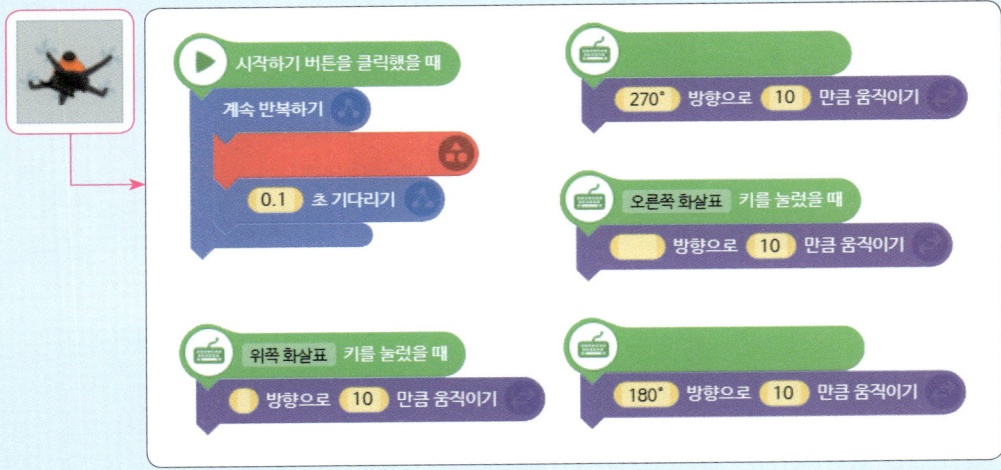

제23장 • 키보드를 이용한 동작 만들기

종합활동

1 엔트리에서 [Chapter24] 폴더의 '그림만들기.ent' 파일을 이용하여 다음과 같은 조건으로 프로그램을 완성해 보세요.

프로그램 완성 조건

식물 오브젝트의 [모양] 탭에는 다양한 식물 모양이 제공됩니다. 아래의 조건에 맞는 블록을 블록 조립소에 추가하여 프로그램을 코딩한 후 실행, 결과화면을 참고하여 그림을 그립니다.

- [시작하기] 버튼이 클릭될 때 식물 오브젝트가 계속 반복해서 마우스를 따라 다니기
- 키보드의 왼쪽 방향키(←)를 눌렀을 때 식물 오브젝트의 이전 모양으로 바꾸기
- 키보드의 오른쪽 방향키(→)를 눌렀을 때 식물 오브젝트의 다음 모양으로 바꾸기
- 키보드의 스페이스바(SpaceBar)를 눌렀을 때 무대에 표시된 모든 그림을 지우기
- 마우스를 클릭했을 때 식물 오브젝트의 현재 모양을 도장찍기

▲ 무대의 시작화면 및 결과화면

▲ [시작하기] 버튼을 클릭하면 식물 오브젝트가 마우스를 따라다니며, 키보드의 오른쪽 방향키(→)를 누르면 다음 모양으로 바뀝니다.

▲ 키보드의 왼쪽 방향키(←)를 누르면 식물 오브젝트의 모양이 이전 모양으로 바뀝니다.

▲ 마우스를 클릭하면 마우스 포인터를 따라다니는 식물 오브젝트의 모양이 무대에 그림으로 찍힙니다.

▲ 키보드의 스페이스바(SpaceBar)를 누르면 무대에 표시된 모든 그림을 지웁니다.

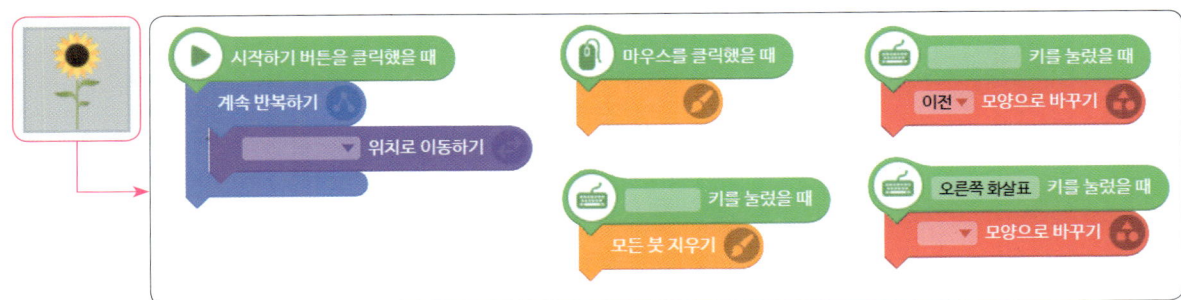

TIP

모든 붓 지우기 블록 이해하기

[붓] 꾸러미의 **모든 붓 지우기** 블록은 **도장찍기** 블록을 통해 표시된 무대에 모든 그림을 지웁니다.

제24장 · 종합활동 **143**